四特 教育系列丛书 SITEJIAOYUXILIECONGSHU

锻炼学生空间力 的智力游戏策划

《"四特"教育系列丛书》编委会　编著

吉林出版集团股份有限公司
全国百佳图书出版单位

图书在版编目（CIP）数据

锻炼学生空间力的智力游戏策划／《"四特"教育系列丛书》编委会编著 . —长春：吉林出版集团股份有限公司，2012.4

（"四特"教育系列丛书／庄文中等主编 . 学校体育竞赛与智力游戏活动策划）

ISBN 978-7-5463-8627-0

Ⅰ. ①锻… Ⅱ . ①四… Ⅲ . ①智力读戏－青年读物②智力游戏－少年读物 Ⅳ . ① G898.2

中国版本图书馆 CIP 数据核字（2012）第 041988 号

锻炼学生空间力的智力游戏策划

DUANLIAN XUESHENG KONGJIANLI DE ZHILI YOUXI CEHUA

出 版 人	吴　强	
责任编辑	朱子玉　杨　帆	
开　　本	690mm×960mm　1/16	
字　　数	250 千字	
印　　张	13	
版　　次	2012 年 4 月第 1 版	
印　　次	2023 年 2 月第 3 次印刷	

出　　版	吉林出版集团股份有限公司
发　　行	吉林音像出版社有限责任公司
地　　址	长春市南关区福祉大路 5788 号
电　　话	0431-81629667
印　　刷	三河市燕春印务有限公司

ISBN 978-7-5463-8627-0　　　　　定价：39.80 元

前　言

　　学校教育是个人一生中所受教育的最重要组成部分,个人在学校里接受计划性的指导,系统地学习文化知识、社会规范、道德准则和价值观念。学校教育从某种意义上讲,决定着个人社会化的水平和性质,是个体社会化的重要基地。知识经济时代要求社会尊师重教,学校教育越来越受重视,在社会中起到举足轻重的作用。

　　"四特教育系列丛书"以"特定对象、特别对待、特殊方法、特例分析"为宗旨,立足学校教育与管理,理论结合实践,集多位教育界专家、学者以及一线校长、老师们的教育成果与经验于一体,围绕困扰学校、领导、教师、学生的教育难题,集思广益,多方借鉴,力求全面彻底解决。

　　本辑为"四特教育系列丛书"之《学校体育竞赛与智力游戏活动策划》。

　　学校体育运动会是学校教育教学工作的一个重要组成部分,是体育活动中的一个重要内容。它不仅可以增强学生的体质,同时,也可以增强自身的意志和毅力,并在思想品质的教育上,发挥不可替代的作用。学校通过举办体育运动会,对推动学校体育的开展,检查学校的体育教学工作,提高体育教学、体育锻炼与课余体育训练质量和进行学校精神文明建设等都具有重要的意义。本书旨在普及体育运动的知识,充分调动广大青少年学生参与体育活动的积极性,内容包括学校体育运动会各个单项的竞赛与裁判知识等内容,具有很强的系统性、实用性、实践性和指导性。

　　将智力和游戏结合起来,通过游戏活动达到大脑锻炼的目的,是恢复疲劳、增强脑力、重塑脑功能结构的主要方式,是智力培养的重要措施。

　　青少年的大脑正处于发育阶段,具有很大的塑造性,通过智力游戏活动,能够培养和开发大脑的智能。特别是广大青少年都具有巨大的学习压力,智力游戏活动则能够使他们在轻松愉快的情况下,既完成繁重的学业任务,又能提高智商和情商水平,可以说是真正的素质教育。为了使广大青少年在玩中学习,在乐中提高,我们根据青少年的生理、心理特点,特别编写这套书。我们采用做游戏、讲故事等方法,让广大青少年思考问题,解决难题,并在玩乐的过程中,循序渐进地提高智商和开发智力,达到学习与娱乐双丰收的效果。

　　本辑共20分册,具体内容如下:

　　1.《团体球类运动竞赛》

　　学校体育运动的目的是调动学生活动的兴趣,提高学生参加体育运动和各种活动的积极性和参与率,让学生在运动中才能体会到参与的快乐。本书就学校团体球类运动的竞赛与裁判问题进行了系统而深入的阐述,使学生掌握组织团体球类竞赛的方法体例科学,内容全面,具有很强的系统性、实用性、实践性和指导性。

2.《小型球类运动竞赛》

小型球类运动竞赛包括排球、羽毛球和乒乓球等比赛。学校体育运动的目的是调动学生活动的兴趣,提高学生参加体育运动和各种活动的积极性和参与率,让学生在运动中才能体会到参与的快乐。小型球类运动竞赛包括排球、羽毛球和乒乓球等比赛。本书就学校个人球类运动的竞赛与裁判问题进行了系统而深入的阐述,体例科学,内容全面,具有很强的系统性、实用性、实践性和指导性。

3.《跑走跨类田径竞赛》

学校体育运动的目的是调动学生活动的兴趣,提高学生参加体育运动和各种活动的积极性和参与率,让学生在运动中才能体会到参与的快乐。跑走跨类田径竞赛包括长短跑、跨栏跑和竞走等项目比赛。本书就学校跑走跨类田径运动的竞赛与裁判问题进行了系统而深入的阐述,体例科学,内容全面,具有很强的系统性、实用性、实践性和指导性。

4.《跳跃投掷类田径竞赛》

长期来,在技术较为复杂的非周期性田径项目的教学中,一般都采用以分解为主的教学法。这种教学法,教学手段繁琐,教学过程复杂,容易产生技术的割裂和停顿现象,特别是与现代跳跃和投掷技术的快速和连贯性有着明显的矛盾。因此,它对当前进一步提高教学质量产生十分不利的影响。本书就学校跳跃投掷类田径运动的竞赛与裁判问题进行了系统而深入的阐述,体例科学,内容全面,具有很强的系统性、实用性、实践性和指导性。

5.《体操运动竞赛》

竞技性体操包括竞技体操、艺术体操、健美操、技巧、蹦床五项运动。其中,竞技体操男子项目有自由体操、鞍马、吊环、跳马、双杠、单杠六项,女子项目有跳马、高低杠、平衡木、自由体操四项。本书就学校竞技体操运动的竞赛与裁判问题进行了系统而深入的阐述,体例科学,内容全面,具有很强的系统性、实用性、实践性和指导性。

6.《趣味球类竞赛》

学校体育运动的目的是调动学生活动的兴趣,提高学生参加体育运动和各种活动的积极性和参与率,让学生在运动中才能体会到参与的快乐。本书就学校趣味球类竞赛项目运动的竞赛与裁判问题进行了系统而深入的阐述,体例科学,内容全面,具有很强的系统性、实用性、实践性和指导性。

7.《水上运动竞赛》

水上运动包含五个项目:游泳,帆船,赛艇,皮划艇,水球。本书就学校水上运动的竞赛与裁判问题进行了系统而深入的阐述,体例科学,内容全面,具有很强的系统性、实用性、实践性和指导性。

8.《室内外运动竞赛》

室内运动栏目包括瑜伽、拉丁、肚皮舞、普拉提、健美操、踏板操、舍宾、跆拳道等,户外运动栏目包括攀岩登山,动感单车,潜水游泳,球类运动等。本书就学校室内外运动的竞赛与裁判问题进行了系统而深入的阐述,体例科学,内容全面,具有很强的系统性、实用性、实践性和指导性。

9.《冰雪运动竞赛》

冰雪运动主要包括冬季运动和轮滑运动训练、竞赛、医疗、科研、教学、健身、运动器材、冰雪旅游等。本书就学校冰雪运动的竞赛与裁判问题进行了系统而深入的阐述，体例科学，内容全面，具有很强的系统性、实用性、实践性和指导性。

10.《趣味运动竞赛》

趣味运动，是民间游戏的全新演绎，是集思广益的智慧创造，它的样式不同，内容各异。趣味运动会将"趣味"融于"团队"中，注重个人的奉献与集体的协作。随着中国经济文化的迅速发展，人们精神文化生活的丰富，趣味体育也有了更广阔的发展，成为一种新的时尚。本书就学校趣味运动的竞赛与裁判问题进行了系统而深入的阐述，体例科学，内容全面，具有很强的系统性、实用性、实践性和指导性。

11.《锻炼学生观察力的智力游戏策划》

发展观察力的游戏有"目测"、"寻找"、"发现"等。这些游戏可帮助学生加强观察的目的性、计划性，扩大观察范围，使孩子能更多、更清楚地感知事物。本书对锻炼学生观察力的智力游戏项目策划进行了系统而深入的阐述，体例科学，内容全面，具有很强的系统性、实用性、实践性和指导性。

12.《锻炼学生注意力的智力游戏策划》

注意力是儿童普遍存在的问题。他们在听课、做作业、看书、活动等事情上，往往不能集中注意力，也没有耐性。在人们的生活、学习和工作过程中，注意力起着非常重要的作用。有位教育专家说：注意力是学习的窗口，没有它，知识的阳光就照射不进来。本书对锻炼学生注意力的智力游戏项目策划进行了系统而深入的阐述，体例科学，内容全面，具有很强的系统性、实用性、实践性和指导性。

13.《锻炼学生记忆力的智力游戏策划》

记忆力游戏是一种主要依赖于个人记忆力来完成的单人或团体游戏。这类游戏的形式无论是现实或网络中都是非常多的，能否胜出本质上取决于个人的记忆力强弱，这也是一种心理学游戏。本书对锻炼学生记忆力的智力游戏项目策划进行了系统而深入的阐述，体例科学，内容全面，具有很强的系统性、实用性、实践性和指导性。

14.《锻炼学生思维力的智力游戏策划》

这是一本不可思议的挑战人类思维的奇书，全世界聪明人都在做。在这本书里，你会找到极其复杂的，也是非常简单的推理问题，让人迷惑不解的图形难题，需要横向思维的难题和由词语、数字组成的纵横字谜，以及大量的包含图片、词语或数字，或者三者兼有的难题，令你绞尽脑汁，晕头转向！现在，你需要的是一支铅笔和一个安静的角落，请尽情享受解题的乐趣吧！

15.《锻炼学生想象力的智力游戏策划》

学校的智力游戏活动主要是锻炼学生认识、理解客观事物并运用知识、经验等解决问题的能力，它是直接为学生提高学习能力而服务的，也是学生学习知识的实践运用，它不仅具有趣味性，更具有娱乐性。本书对锻炼学生想象力的智力游戏项目策划进行了系统而深入的阐述,体例科学,内容全面,具有很强的系统性、实用性、实践性和指导性。

16.《锻炼学生表达力的智力游戏策划》

语言表达能力是现代人才必备的基本素质之一。在现代社会,由于经济的迅猛发展,人们之间的交往日益频繁,语言表达能力的重要性也日益增强,好口才越来越被认为是现代人所应具有的必备能力。本书从大量的益智游戏中精选了一些能提高青少年记忆力的思维游戏,为广大读者提供一个检视自身思维结构,全面解码知识、融通知识、锻炼思维的自我训练平台。

17.《锻炼学生学习力的智力游戏策划》

学校的智力游戏活动主要是锻炼学生认识、理解客观事物并运用知识、经验等解决问题的能力,它是直接为学生提高学习能力而服务的,也是学生学习知识的实践运用,它不仅具有趣味性,更具有娱乐性。本书对锻炼学生学习力的智力游戏项目策划进行了系统而深入的阐述,在游戏中培养孩子的学习能力。体例科学,内容全面,具有很强的系统性、实用性、实践性和指导性。

18.《锻炼学生空间力的智力游戏策划》

学校的智力游戏活动主要是锻炼学生认识、理解客观事物并运用知识、经验等解决问题的能力,它是直接为学生提高学习能力而服务的,也是学生学习知识的实践运用,它不仅具有趣味性,更具有娱乐性。本书对锻炼学生空间力的智力游戏项目策划进行了系统而深入的阐述,体例科学,内容全面,具有很强的系统性、实用性、实践性和指导性。

19.《锻炼学生实践力的智力游戏策划》

社会实践即通常意义上的假期实习,对于在校大学生具有加深对本专业的了解、确认适合的职业、为向职场过渡做准备、增强就业竞争优势等多方面意义。也有些学生希望趁暑假打份零工,积攒一份私房钱。本书对社会锻炼学生实践力的智力游戏项目策划进行了系统而深入的阐述,体例科学,内容全面,具有很强的系统性、实用性、实践性和指导性。

20.《锻炼学生创造力的智力游戏策划》

本书对创造能力的培养进行研究,包括创造力的认识误区、创造力生成的基本理论、创造力的提升、管理者应具备的技能等,同时针对学生设计的游戏形式来进行创造力的训练。其实,想要激发孩子的创造力,你不必在家里放上昂贵的玩具和娱乐设施。一些简单的活动,比如和宝宝玩拍手游戏,或者和孩子一起编故事,所有这些都能让孩子进入有创意的世界。本书对锻炼学生创造力的智力游戏项目策划进行了系统而深入的阐述,体例科学,内容全面,具有很强的系统性、实用性、实践性和指导性。

由于时间、经验的关系,本书在编写等方面,必定存在不足和错误之处,衷心希望各界读者、一线教师及教育界人士批评指正。

编者

目　录

第一章

学生空间力的锻炼指导

1．什么叫空间力

空间力，顾名思义就是空间内的力。空间力可以控制空间内一切的力，包括人的行为、思想等等。因为人的思想由脑细胞控制，脑细胞在大脑内，大脑在人体内，人体在空间内。空间力甚至可以改变任何可以想到的物体，如人和金属、枪械等。

空间和时间一样是物质存在的一种基本属性，我们都生活在一个真实的三维空间之中，我们都有在这个真实的空间中运动、寻找物体和给自身定位的能力。但什么是空间能力，谁能够确切回答出来？

人类的空间能力是心理学家和其他学家们感兴趣的研究课题。我们可以了解一些有关空间能力研究的历史进程，也可以了解有关空间能力测验的技术和方法。

（1）空间能力与语词能力不同，在智力研究中较晚才被注意到。对空间因素的研究受到因素分析法固有局限的束缚，或许更重要的是受到强烈偏爱语词能力思想的束缚。

（2）刺激维度问题在空间能力的研究中有着持续的兴趣，而随着越来越多的人从事关于在大范围或环境空间中个体差异的研究，刺激维度问题再次成为重要的问题，但尚未解决。

（3）尽管某些类型的表象一直被认为和空间能力具有密切的关系，但确切的关系目前尚未确立。随着对空间能力的心理表象不同种类的研究，将会有趣地发现各自具有怎样的特征及它们之间具有怎样的联系。

（4）尽管我们还很难给出一个为人们所共同接受的关于空间能力的定义，但目前确实存在着大量负载这个或那个空间因素的各种"空间感"的纸笔测验。

（5）在谈论空间因素时，有趣的一点是，经过整个 50 年代，不同的分析家借用了不同的词却以相似的方式来描述大致相似的因素。

因此，如果把对空间能力的描述综合起来解释为"视觉形式的知觉与保持"及"视觉性状的心理操作和重构"。这一特征可以说和早期发现的大量对空间能力的描述是不一致的。但这一特征不仅包括了关于图象和操作表象的特征，而且还包括了关于因素的描述。总之，尽管确定空间能力的特征可能是过渡性的，但可以为在分类的格局中组织大量的空间测验提供有用的根据。

2. 空间力的发展

空间能力的发展一直是发展心理学的热门话题。

在发展空间概念时，最先发展的是拓扑几何概念，接着是欧几里德几何（即欧氏几何）概念，然后是投影几何（或射影几何）概念，最后到结构度量几何（或解析几何）概念。空间力的发展应该从幼儿教育开始。

当然，年龄很小的婴儿实际上并没有什么空间概念，他们对自己生活其中的空间或外部世界的印象毫无组织，只能算是一片混沌。等孩子长到 3、4 岁时，开始发展拓扑几何的概念，也就是说，对于这个时期的儿童来讲，他们只能领会一些拓扑学上关于空间的性质，如邻近和分离、封闭和开放等。正因为他们只能领会这样的空间性质，因此在此年龄段的儿童看来，正方形、三角形和圆形根本没有什么区别。所以，当你要求一个 3、4 岁的孩子临摹一个正方形、一个三角形或是一个圆形时，他都会画出一个近似于它们三者却并非完全是它们之一的图形。

儿童空间专家皮亚杰根据自己的研究和推理，给儿童空间发展描绘了这样一幅图景：处于感觉、运动阶段的儿童的空间概念具有拓扑几何的性质，随后，在前运演和具体运演阶段，儿童开始形成欧氏几

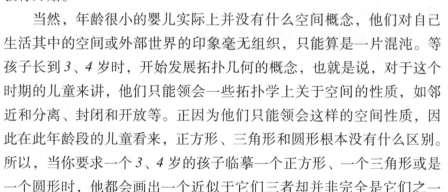

何概念和射影几何概念，大约在 9、10 岁以后开始理解水平关系、垂直关系，并逐步向解析几何概念过渡，开始理解二维、三维空间的定位和测量等概念。

皮亚杰等人的研究引起了世界范围的响应。直到 80 年代后期，人们对皮亚杰等人的实验进行了数以千计的重复测试和验证实验，结果出现了一些明显不同的观点。首先，人们对皮亚杰所谓的儿童先发展拓扑空间概念的论点提出异议。反对者认为，儿童之所以不能很好地临摹要求的图形，并不是因为他们缺乏关于这些图形的概念，而是因为他们的运动机能没有发展到足以使他们很好地临摹的程度。实际上他们完全可以辨别不同欧氏几何图形（如正方形和圆形），只是在绘画过程中不能很好地控制手的运动而总是把圆形画成了类似于方形的图形。

对于空间关系的认知发展，儿童大概要经历这样一些阶段：

（1）通过自身的运动来确定物体的空间位置关系，这在 3～4 岁的孩子身上表现得最为明显，直到 5 岁左右开始向下一个阶段过渡；

（2）利用明显的标记或路标对物体进行定位，这在 6～7 岁的孩子中表现最为明显，直到 9 岁左右才可以利用比较复杂的标记；

（3）能够利用空间整体结构的信息对空间中物体的位置关系进行定位，这个阶段在年龄上与前一阶段有明显的交叉或重叠；

（4）到 10 岁左右，儿童开始具有表象旋转能力。在这以前，如果你把一张关于某一空间的图转过一定的角度放在孩子面前，当他想把图与真实空间进行匹配时，他可能只有把图转到与真实空间相同的方向时，才能很好地定位，如果不能对图进行旋转，他就可能会把自己转过一定的角度。如果这也不允许的话，他很可能会出错。但在 10 岁以后，儿童就开始通过旋转头脑中的表象对真实的空间和有关空间的图进行匹配和定位。当儿童在 6～12 岁时，他们开始表现出对二维空间和三维空间进行匹配的发展特征。

3. 空间感知能力的发展特点

空间的感知能力，在孩子5~6岁时就会有很大的发展，这时的孩子不仅能够感知辨别远处物体的上下、前后，而且也能够以自身为标准来判断左右。这个阶段的孩子对物体之间的空间关系已有了一定的感知经验，他们已能够比较好地感知物体之间几种相互的空间关系，常见的有邻近关系、分离关系、次序关系与包围关系等。如邻近关系，他们在制作一个小飞机时，能够通过尝试找出飞机翅膀与飞机机身的邻近关系位置，而小一些的孩子则往往把机翼安到一个不恰当的位置上，找不到最恰当（邻近）的位置。如分离关系，孩子在制作飞机时，知道把两个翅膀分别安在机身两边，这时这两个机翼就是以分离的关系的空间形式存在的。但有的小一些的孩子有时则会把两个翅膀安在一起，说明他们还没有真正感知到事物之间的分离关系。对于次序关系，是指任何物体在空间中存在都以一定的顺序性出现的，如，人的五官从下往上是按一定次序排列的，不能颠倒。

孩子对空间感知的一个重要特点，表现在能以自身为中心来感知辨别左右。他们区分前后左右区域的范围有所扩大，可以辨别离自己身体较远的或是偏离一定角度的物体的前后左右。不仅能够辨别正前方、正后方，还能够辨别感知前方所有范围之内和后方所有范围之内的方位，对以自身为中心的左右也可以从一定的范围上加以辨别。

在一定的教学条件下，他们能够将一定的空间分成两个区域，左边区域和右边区域，前后两个区域等。如他们在自己布置环境时，把一面墙壁的整体分成两个区域，左手方向一个区域，右手方向一个区域。

4. 空间感知力的培养

（1）感知描述自己的左右方位

孩子对左右方位的感知是从以自身为中心的左右开始的，但在引导孩子感知左右时，一定要与具体的感知事物结合起来。

在不断感知观察自己身边的左右时，可以引导他们把自己的感受告诉别人，让他有更多的机会去描述和交谈。

对左右方位的辨别不是一朝一夕的，而是在生活中不断运用和体验中逐渐获得的。如孩子在吃饭时，拿勺、用筷子等都要用左右手，唱歌、跳舞中也会用到左手或右手，左腿或右腿等，在做操时也会用到左手或右手、左腿或右腿，做出向前、向后、向左、向右等与方位有关的活动。另外，在日常生活中经常会体验到物体与物体之间的关系，如什么东西放在上面，什么东西放在下面，什么东西放在前面，什么东西放在左边，什么东西摆在右边等。

此时期孩子的活动能力提高了。因此，家庭在布置环境时，可以让他们参与，这是为孩子提供感知体验空间方位及物体与物体之间空间关系的极好机会。如墙壁上如何分成几块，活动区如何安排，柜子的摆放等，不同房间的空间感觉就不一样。这些活动开始之前和结束之后，家长都应该组织孩子进行讨论和总结，讨论与总结的内容应该与幼儿的空间感受密切联系，如哪些东西摆在左边好些，哪些东西摆在右边活动空间将会大一些等。

（2）在日常活动中引导孩子正确运用方位词语

谈话时，凡是可以使用方位词语的，教育者就要使用一些方位词，让孩子在无意中获得对方位词汇的感知。如看见孩子在做一个东西，成人就可以说："你刚才好像把一个小棍插在这个小人的左手上了，是吧？"与孩子谈话，让他意识到他们正在进行与方位有关的活动。

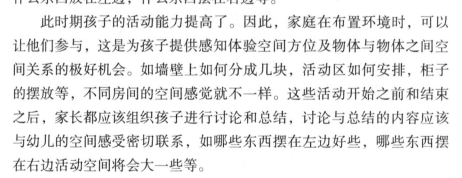

（3）感知描述周围环境中物体的位置

对一个物体位置的观察与描述可以帮助孩子建立空间概念，提高空间感知能力。生活中的各种物体都是以一定的空间位置存在的。如，什么东西是放在桌子上的，什么东西是放在教室的前面的，自己的班级在学校的什么位置，操场在学校的什么位置。这些不仅对孩子的空间感知能力的培养有积极的意义，而且也逐渐培养了他们的良好习惯。当然，还可以对他所去的地方，如公园、商店、大街等地方的各种物体的位置，进行有意的感知和描述。

（4）感知体验物体的运动方向和位置变化

孩子经常会接触到一些运动的物体，如汽车朝哪个方向走了，一个人从哪里过来了，燕子冬天到南方去，南方在哪个方向。再如，同学们玩"猫抓老鼠"的游戏，哪个同学朝哪个方向跑，都可以与其谈论，说说当时的方位感受。

看电视时，如足球运动员踢球，让孩子注意球的运动方向。也可以引导他们感知一些物体位置的变化，如冰箱不在原来的位置了，现在换了一个新的地方等。

可以与孩子进行关于他们自己坐车时感受的谈话，如向哪开，倒车时的感受，靠右行是怎样的，车窗外的物体是怎么动的等。

在实际生活中，应注意引导孩子感知各种所见到的物体的运动或物体位置的变化。

5. 空间想象力的认识

所谓空间想象力，就是人们对客观事物的空间形式进行观察、分析和抽象思维的能力。这种数学能力的特点在于善于在头脑中构成研究对象的空间形状和简明的结构，并能将对实物所进行的一些操作，在头脑中进行相应的思考。

我们知道，学生空间想象力较差，往往是他们学习有关空间图形知识的绊脚石。由于不可能一下子就能具备这种能力，所以要想顺利地发展学生这种能力，往往要求提前对学生进行长期而耐心细致的培养和训练。在中学数学教学中，空间想象力主要包括下面四个方面的要求：

（1）对基本的几何图形（平面与立体）必须非常熟悉，能正确画图，能在头脑中分析基本图形的基本元素之间的度量关系及位置关系；

（2）能借助图形来反映并思考客观事物的空间形状及位置关系；

（3）能借助图形来反映并思考用语言或式子所表达的空间形状及位置关系；

（4）熟练的识图能力。即从复杂的图形中能区分出基本图形，能分析其中的基本图形和基本元素之间的基本关系。

在立体几何教学中广泛采用直观教具（尤其是立体图）并进行大量的空间想象力的训练，这固然可以发展学生的空间想象的数学能力。但是，培养学生的空间想象力不只是立体几何的任务，也不只是几何的任务。而是在数学的其它各科都有，如见到函数 $y = x^2 - 8x + 15 = (x-3)(x-5)$ 就要立即想到开口向上，且与 x 轴交 $(3，0)$，$(5，0)$ 两点的抛物线（对称轴为 x =4）。

对解二次不等式 $x^2 - 8x + 15 > 0$ 时，若思维中有图象的表象，则很快就能确定其解集：$x < 3$，或 $x > 5$。

著名的数学家 A·H·柯尔莫戈罗夫院士曾说过："在只要有可能的地方，数学家总是力求把他们研究的问题尽量地变成可借用的几何直观问题。……几何想象，或如同平常人们所说'几何直觉'对于几乎所有数学分科的研究工作，甚至对于最抽象的工作，有着重大的意义。在中学，空间形状的直观想象是特别困难的一件事。例如，如果能闭上眼睛，不用图形就能清楚地想象一个正方体被一个穿过正方体中心又垂直于它的一条对角线的平面所截得的图形是什么样子，这该算是个很好的数学家了（相对于一般中学水平而言）。"

学好几何，很重要的一点就是要有强的空间想象力。我们都知道任何科学都要它的背景和应用场合。几何更是如此，它实际上就是空间各种物体间的位置关系（距离、方向）和自身几何特性的抽象。我们所学的大部分几何公理、定理，都可以从空间中找到实例（比如房屋的墙壁间平行或垂直）或者能够想象得到（比如空间两根无线长的、彼此平行的线）。既然几何是关于这样一些关系的科学，那么学好它、理解它包含的知识，就必须要在学习中运用想象力去理解这些知识，这样才能有好的学习效果。

那么怎么锻炼强的想象力呢？不断练习，不断实践，注意观察事物。只要多想，多去联系实际，久而久之，才能具备强的空间想象能力。

6. 空间想象力的作用

所谓空间想象力是人们对客观事物的空间形式（空间几何形体）进行观察、分析、认知的抽象思维能力，它主要包括下面三个方面的内容：

一是能根据空间几何形体或根据表述几何形体的语言、符号，在大脑中展现出相应的空间几何图形，并能正确想象其直观图。

二是能根据直观图，在大脑中展现出直观图表现的几何形体及其组成部分的形状、位置关系和数量关系。

三是能对头脑中已有的空间几何形体进行分解、组合，产生新的空间几何形体，并正确分析其位置关系和数量关系。

培养学生的空间想象力是中学数学教学的主要任务之一，同时也是难点之一。在教学中如果对空间想象力这一名词只是提的多，理性分析不够，不能把握其培养规律，就可能造成这样的结果：少部分有悟性的学生的空间想象力得到了提高，而大部分学生则收益甚少，乃至于视"立体几何"的学习为畏途。

辩证唯物主义认为，任何事物的变化发展都有其内在规律。空间想象力的提高也是如此，它是逐级向上的，即有明显的层次性。教师唯有把握好这一规律，将之有机地渗透到教学实践中去，有意识、有针对性地采取得当的教学方法和措施，才能有效地提高学生的空间想象力。

7. 空间力想象力的培养

根据空间想象力的提高有层次性这一特点，空间想象力的培养可以细分为如下几个过程。

（1）强化学生对三维空间的认知

作为高中学生，他们已有了二维空间（平面）的知识，对三维空间的感知也有，但对三维空间的无限性、复杂性认识不够。因此，通过对直线的无限延伸、平面的无限延展性的认识；通过比较平面内与空间中两直线位置关系的不同；通过认识线面关系、面面关系来强化学生对三维空间的认识就显得尤为重要。在教学实践中，可在立体几何教学的第一或第二节课中设置下列问题：

例1：一个平面可以将空间分成几个部分？二个平面呢？三个平面？试摆出模型加以说明。

例2：空间三条直线的位置有多少种可能？

例3：两条直线与一个平面的位置有多少种可能？

例4：两条直线与二个平面的位置有多少种可能？

对这些问题，学生的回答不一定准确，但通过思考和摆置模型，学生对三维空间的认知得到了强化。

（2）培养学生由实物模型出发的空间想象能力

通过展现立体几何教学模型或认识生活中的模型（如楼层），并让学生想象看不见的部分，想象线面继续延伸、延展之后的情况，有助于培养学生的空间想象力。

（3）作图能力的培养

作空间图形的直观图，实质是空间图形的平面化表示，其原则是看起来要"像"。作图要规范，因为规范作图实际上是对"如何作几何体的平面图"与"平面图如何看（想象）成体"这两个问题的大众化的统一回答。

上课时让学生上黑板画图，然后师生共同评析，看哪个同学画得好，优点在哪里，存在哪些毛病；印发常见的基本直观图给学生，让学生反复观摩，然后再画出来，作为作业；课外组织学生进行"画直观图比赛"。这些措施能激发学生的学习兴趣，使学生认识到规范作图的重要性，增强学生的作图能力。

（4）培养学生由直观图出发的空间想象能力

这一过程要分两步走：第一步是先根据平面图找模型，再依据模型来想象。当第一步达到一定熟练程度之后，便实施了第二步，即直接根据平面图出发进行空间图形（体）的直观形象的想象。

多让学生制作模型，对培养学生的空间想象力是一项非常有益的活动。模型的制作应由简单到复杂。

另外，让学生制作正方体、正四面体、正八面体的模型是必不可少的课外作业，这既有助于学生提高空间想象力，也使学生领悟到这些几何体的和谐美、对称美，从而增加学习数学的兴趣。

（5）培养学生由条件出发的空间想象力

即培养学生由描述几何形体的条件就可以想象出空间图形（体）的直观形象的能力。这一能力分成两个层次：第一层次是根据描述几何形体的条件作出直观图（或找模型），再根据直观图（或模型）想象出几何形体的直观形象；第二层次是直接由条件出发进行直观形象的想象。

多做类似下面的练习，对提高学生空间想象力有事半功倍的效果。

试想象（离开模型、图形）正方体 $ABCD - A_1B_1C_1D_1$ 中：

①各顶点的位置；

②在各棱所在的直线中，与直线 AB 平行的直线有哪些？

③在各棱所在的直线中，与直线 AB 相交的直线有哪些？

④在各棱所在的直线中，与直线 AB 异面的直线有哪些？

⑤在各顶点连线中，与直线 AB 成 45°角的直线有哪些？

（6）培养学生对空间图形的分解，组合和变形的想象能力

这一能力的实质是对空间图形中点、线、面的位置关系与数量关系的认识与想象。精选例题，精选练习，引导学生大胆思考，深入探索，对提高学生这方面的能力十分重要，下面是两道例题。

例1：在△ABC 中，A（0，0），B（1，3），C（3，2），将△ABC 绕 y 轴旋转一周，求所得几何体的表面积。

例2：有一个半径为5cm 的球，以它的一条直径为轴，钻一个半径为2cm 的孔，求剩余部分的表面积。

以上的培养学生的空间想象力的六个过程中，过程（1）、（2）是基础，过程（3）是关键，这三个过程的教学工作做好了，后面三个过程的教学工作才有望顺利完成，六个过程并不是彼此孤立的，而是互相交错，相辅相成的。在每一个过程中，都要刻意做好两件工作，其一是对空间图形的直观形象的想象，其二是对空间图形中点、线、面的位置关系的认识与想象。"立体几何"的教学过程是一个严密的知识体系的发展过程，这一过程隐含着内在的空间想象力的培养过程，两者具有高度的统一性。因此，空间想象力的培养是有机地渗透到立体几何的教学过程中去的。

空间想象力的培养是一个从无到有、从有到好的过程，但能力的培养不是一节两节课就能实现的，必须贯穿教学的始终，要注意克服学生中存在的畏惧心理，激发学生的学习热情。

8．空间想象力的训练

（1）续编故事游戏

空间智能优势大的人富于想象，不受逻辑的局限，思维活跃。可以用续编故事的方法对学生进行空间想象力的训练。

续编故事是提供一个故事的开头，让孩子接着编下去，根据故事开头的线索，运用想象展开故事情节，编成一个完整的故事。先把故事的开头讲给孩子听，引起孩子的兴趣，激发孩子编下去的热情。可以用疑问引导孩子展开想象，"可能是怎样的呢？"大人和孩子一起编讲是最有情趣的，当然，孩子是主角，大人是配角，还可以开展编后的活动，把编讲的故事记录下来，把编讲的故事画成故事画，是很有意义的。

为此，提供以下编故事的话题：

《劝架》

假如你看见猫和狗打架，可千万别感到奇怪，因为他们经常打架，有一回是为了争吃的，有一回是为了抢皮球，瞧，又吵起来了，你快去劝他们吧……

提示：这次他们为什么吵架呢？谁去劝他们了？结果怎么样呢？

《爷爷钓鱼》

奶奶总说："你爷爷肯定是越来越糊涂了。"为什么呢？原来，每回爷爷去钓鱼，总能钓到大鱼带回来。可是近来，不要说大鱼，连小鱼也少见了，可爷爷还是开心得不得了。奶奶总是唠叨，孙子可憋不住了，这次爷爷去钓鱼，他前脚走，孙子后脚就悄悄地跟了出来……

提示：爷爷最近为什么钓不回来鱼了？他为什么还很开心？爷爷到底做了些什么？孙子发现了什么秘密？

《玩具总动员》

朋朋特别喜欢买玩具，每次去商店，他都非要买一件玩具才肯回家。可是朋朋只喜欢新的玩具，没玩多长时间，就把玩具扔在一边，又吵着要新的。玩具柜的玩具越来越多了，这不，柜子里的玩具在埋怨："怎么又来了一辆车，都没地方住了。"新来的车说："朋朋只开了几趟就不理我了，他一点也不爱惜我，我也不想挤在这里呀。"柜子里的玩具开了一个会，做了一个决定，要团结起来，治一治朋朋的"玩具病"……

提示：玩具们做出的决定是什么？怎样治朋朋的玩具病？朋朋的毛病会不会改呢？

《想听懂动物说话的孩子》

贝贝特别喜欢动物，他常常和小猫、小狗聊天。小猫、小狗好像能听懂贝贝的话，总是喵喵、汪汪地回应，可是贝贝却听不懂他们的话。贝贝想，我要是能听懂动物说的话该多好。他想起了魔术师，魔术师一定有神奇的魔力，去请他帮帮我，一定能行，贝贝就兴冲冲地去找魔术师了……

提示：魔术师实现贝贝的愿望了吗？贝贝如果能听懂动物说话，会发生什么事呢？

（2）孩子是天生的想象家

专家曾进行过一个教育活动："如果我有了翅膀"。孩子们的反响很热烈，这是一个系列活动，其中的一项是把想象的画出来。孩子们画出了一张又一张的想象画，其中有一幅作品是这样画的：夜空，星星闪烁，五颜六色，小作者扇动翅膀飞在空中，怀抱大花篮，手中抛出五颜六色的花朵。请小作者宣讲他的画，小作者兴奋地讲起来："我飞起来了，我带着许多鲜花飞到星星上去，在星星上种花，让星星都变成大花园，原来的星星是一个颜色，以后，星星就是五颜六色的，好看极了……"看着、听着，令人心潮澎湃，孩子的想象也让人为之叹服。

在小孩子的眼里，天地万物都是有生命的，他会认真地告诫同伴：

"别揪树叶，它会疼的。"因为孩子的心理特点就是"拟人化"，这是幼稚的，也是闪光的，往往是他们的优势。他们缺乏经验，而因此不会因循守旧，他们缺乏逻辑，而因此不拘泥于条条框框，这些优势正是想象的沃土。

下面一个游戏活动是：接着往下画

这幅图画是故事的开始部分，后面可以画什么呢？让孩子接着画下去。先指导孩子看图画，讲图画：画的是什么？发生了什么事？和孩子讨论接下来会怎么样？最后会怎么样？鼓励孩子根据原图画的线索，把整个故事画出来。画完了要从头讲一遍，大人当热心的听众。

《西瓜船》

提示：这里发生了什么事情？老鼠得救了吗？是怎样得救的？

《吸汽球》

提示：小猫在叫什么呢？小猫怎样能回到地面上来呢？是谁帮助了小猫？怎样帮助小猫脱险的？

《救小兔》

提示：井里的小兔为什么哭了？井上的小兔在商量什么？怎样把井里的小兔救上来的？

《两只田鼠》

提示：两只田鼠在干什么？他们有什么危险？他们被抓住了吗？他们逃掉了吗？结果怎么样？

线条像什么？

线条是多样的、可变化的，是具体的，也是抽象的，利用线条的象征性引发孩子的想象，正因为它有抽象的特点，就有了想象的余地。

△主线像什么？

材料：线，白纸

做法：把白纸展开，用拇指和食指捏住主线线段，提起来悬于白纸上空，然后松开手指，让主线自由落到白纸上，形成不规则的样子，这样瞧一瞧，那样瞧一瞧，瞧瞧像什么。还可以把纸上的主线固定一部分，然后把纸提起来，于是主线不固定的地方就变样了，又出现了新的主线造型，引发新的想象。

△包装绳像什么？

材料：塑料包装绳的线段

做法：把包装绳抛上去，让绳子自由落到平地上，看看绳子的造型像什么？走到这边看一看，走到那边看一看，就会看出像好多东西。抛绳的方法有多种，可以捏着绳子的一头抛起来，也可以捧着绳子抛起来。

△画的线条像什么？

材料：纸和笔。

做法：在纸上画线条，看看像什么？例如：

像头发飘起来、蛇、滑梯、小路……

像山、海浪、英文字母、绳子……

像桌子上四个苹果、椅子上四个人头、脚指头……

像鼻子眼睛、门、人照镜子、折叠桌和两个圆凳……

插图：画的线条像什么

这些线条还可以转换方向看，转换方向就会不一样了，新的想象就会跳出来，例如第二幅图，若倒转过来看，就像驼峰牛的头、笔架……

（3）空想的游戏

想象是创造的翅膀，创造需要幻想、假想、猜想甚至妄想，许多创造发明就是来自于异想天开。当然，创造不能只停留于空想，而是用科学的态度力争空想的实现。和孩子玩一玩空想游戏是很有意思的。

做法：

教育者提出一个空想的话题，这个话题是孩子熟悉的又感兴趣的，而且还是要解决问题的，例如"会惩罚小偷的防盗门"。

①先列举需要：现在的防盗门还能被小盗撬开，怎么办呢？要是发明一个让小偷没办法的门就好了。

②提出空想：会惩罚小偷的防盗门是什么样的呢？有什么特异功能呢？说得越神越好，说得越多越好。

③提出可行的办法：重温提出的空想，一条一条的设想可行的办法，这部分内容，大人可给孩子提供信息，帮着出主意。

举例如下：可行的办法

门会说话吓唬小偷：小偷一触动就发出声音，是预先录好音的。

门会打小偷：小偷一碰就触电，四肢发软。

门会认小偷：隐藏的摄像机，一触动就自动拍摄。

从"如果"出发去想象

天地间只有一样是不受时空限制的，那就人的思想，上天、入地、过去、未来，无所不能，这就是"想象"的优越性。从"如果"出发，非常神奇，从"如果"出发，其乐无穷。有哪个孩子会不喜欢呢？在玩耍中活化头脑，在玩耍中想入非非，创造的幼苗就这样茁壮成长起来。

话题举例：

△如果我能听懂动物说的话……

△如果我发现了一只恐龙……

△如果海水是甜的……

△如果房子是能走动的……

△如果我遇见了外星人……

△如果我有一朵七色花，怎样用它的魔力实现愿望……

△如果水星上到处都是水，怎么办……

△如果我是爸爸，会怎么样呢……

△如果我得到了隐身草，把它含在嘴里就谁也看不见我了，会发生什么事……

△如果我遇见了神笔马良……

做法：话题的提出，可以是教育者提出来，可以是孩子提出来，也可以是共同讨论出来的。

对话题进行设想。教育者首先要表现出对话题的极大热情，"真有意思，我有很多的想法了，你呢？"逗得孩子热烈起来，和孩子比着说自己的想象，你说一个，我说一个，一定很热闹的。

促发新颖的想象。当想象的思路过于狭窄时，教育者要指导孩子脑筋转转弯，例如，话题"如果我能听懂动物说的话"，若孩子总是说和动物交朋友之类的想法，就可以用"转移法"进行转移，"如果不是和动物交朋友的事，还会发生什么？"使孩子不再循着习惯的思路想下去，转向新的想象天地。

编成有趣的故事。从许多想法中，选出新颖、有趣的想法（和孩子讨论），对这些想法进行加工、丰富、完善，编成一个个有趣的故事，画成有趣的图画。把编好的故事画出来，可以画成连环画，画完帮孩子装订成册，设计好看的封面，写上故事的名字和孩子的名字，一本故事书就做出来了。

第二章

学生空间力的锻炼游戏

1. 猜字母

现有一行字母串：M，T，W，T，F，＿，＿。这些字母都是一组常用单词的首写字母，你能运用简单的归纳法推理出后面的两个字母吗？

2. 归纳识图

带"?"图代表什么，是下面选项中的哪项：

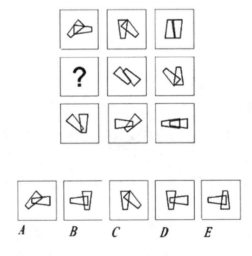

3. 缺少的数字

有一组空缺数字2，5，8，11,? 请从下列选项中选择缺少的数字：

A：*12*　B：*13*　C：*15*　D：*17*　E：*18*

4. 复杂的表格

　　根据下列表格，你能归纳出什么规律，从四个选项中，总结一下带问号的表格应为什么内容？

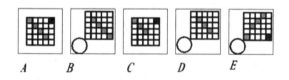

A　　　B　　　C　　　D　　　E

5. 找数字规律

给出下列一组数据：

961，（*25*），*432*

760，（*15*），*433*

658，（*95*），*434*

871，（*24*），*325*

932，（*?*），*731*

793，（*47*），*657*

你能找出其中的数字规律，并且写出括号内的数字吗？

6. 穿什么颜色

3件运动衣上的颜色分别是红、黄、蓝，甲、乙、丙3人各穿一件。现在王某有25个小球，首先发给甲1个球，乙2个球，丙3个球。规定3人从余下的球中各取球一次，其中穿红色衣的人取王某手中球数的1倍，穿黄色衣的人取王某手中球数的3倍，穿蓝色衣的人取王某手中球数的4倍，当甲、乙、丙都取走之后，王某手中还剩下两个球。

请问：甲穿的运动衣的颜色是什么？

7. 购书

小林受老师的委托前去新华书店买四种参考书，这四本书的价格共计70元，已知甲、乙、丙、丁这4种书每本价格分别为3元、5元、7元、11元，而且小林每种书至少买了一本。

请问：小林共有多少种不同的购买方法？

8. 输赢之间

赵、王两人打羽毛球，谁先连胜两局谁赢。如果赵、王两人中没有人连胜两局，则谁先胜三局谁赢，打到决出输赢为止。

请问：赵、王两人间的输赢共有多少种情况？

9. 聪明的小明

小明想要对面超市的机器猫，但标价是 11 元，小明回家让妈妈买给他，可他的妈妈想了想，笑着拿出一张纸，在纸上写出了 1 至 8 这 8 个自然数，并要小明让两个不同的数相加之和大于 10，只有这样妈妈才会给小明买机器猫的钱，小明只思考了 5 分钟就用了不同的方法达到了自己的愿望。

请问：小明共用了多少不同的取法达到了自己的愿望？

10. 纸牌游戏

在一张桌子上放了 8 张黑桃牌，按顺序排列两行，甲想要从中拿出 3 张牌，但要使每次 3 张牌上的数字之和为 9。

请问：甲有多少种不同的拿法？

11. 第几天才能爬出井口

我们都知道青蛙"坐井观天"的故事，可是现在青蛙要爬出井口，每天白天青蛙睡觉和休息，到晚上再出来活动。一个晚上青蛙可以向上爬 3m，但是白天睡觉的时候会往下滑 2m，井深 10m，问这只青蛙要几天可以爬出来？

12. 拿球游戏

有一个箱子里面共装有 100 个球，A 和 B 轮着拿，每次最多不超过 5 个，A 先拿，他怎么拿能确保最后一个是他的？

13. 猜头花的颜色

有三朵红头花和两朵蓝头花。将五朵花中的三朵花分别戴在 A、B、C 三个女孩的头上。这三个女孩中，每个人都只能看见其他两个女孩子头上所戴的头花，但看不见自己头上的头花，并且也不知道剩余的两朵头花的颜色。

问 A："你戴的是什么颜色的头花？"

A 说："不知道。"

问 B："你戴的是什么颜色的头花？"

B 想过一会之后，也说："不知道。"

最后问 C，C 回答说："我知道我戴的头花是什么颜色了。"

当然，C 是在听了 A、B 的回答之后而作出推断的。试问：C 戴的是什么颜色的头花？

14. 小明的难题

小明是班里数学成绩最好的一名学生，有次考试他竟然碰到一道这样的题目，要用数学归纳法证明下列公式对一切正整数 N 均成立

$1 + 2 + 3 + \ldots + N = 1/2N（N + 1）$

你能帮他想出来应该怎么做吗?

15. 谁在说谎

　　甲、乙、丙三人都喜欢对别人说谎话,不过有时候也说真话。这一天,甲指责乙说谎话,乙指责丙说谎话,丙说甲与乙两人都在说谎话。其实,在他们三个人当中,至少有一人说的是真话。请问到底是谁在说谎话呢?

16. 聚会的结果

　　从前有三个高中同班同学,后来他们分别成了大学校长、作家和市长,并且他们满足下面的条件:

(1) 他们分别毕业于化学系、机械系和中文系;

(2) 作家称赞中文系毕业者身体健康;

(3) 机械系毕业者请大学校长写了一个条幅;

(4) 作家和机械系毕业者在一个市内工作;

(5) 乙向化学系毕业者请教过 PC 材料问题;

(6) 毕业后,机械系毕业者、乙都没有在和丙联系过;

如果上述断定都是真的,下面各项中哪一项断定也一定是真的?

A. 甲毕业于机械系,丙是作家。

B. 乙毕业于化学系。

C. 甲毕业于化学系。

D. 中文系毕业者是作家。

17. 字母之谜

小明和小强是两个对英语猜谜很感兴趣，老师让他们俩在课堂上现场表演。

小明：让我来猜你心中所想的字母，好吗？小强：怎么猜？

小明：你先想好一个拼音字母，藏在心里。小强：嗯，想好了。

小明：现在我要问你几个问题。小强：好，请问吧。

小明：你所想的字母在 CARTHORSE 这个词中有吗？小强：有的。

小明：在 SENATORIAL 这个词中有吗？小强：没有。

小明：在 INDETERMINABLES 这个词中有吗？小强：有的。

小明：在 REALISATON 这个词中有吗？小强：有的。

小明：在 ORCHESTRA 这个词中有吗？小强：没有。

小明：在 DISESTABLISHMENTARIANISM 中有吗？小强：有的。

小明：我知道，你的回答有些是谎话，不过没关系，但你得告诉我，你上面的六个回答，有几个是真实的？小强：三个。

小明：行了，我已经知道你心中的字母了。

请问，小明是怎么知道的？

18. 有多少个数字含有 *7*

1 到 *100* 中有多少个含有"7"的数字？

19. 数字之和

数学老师出了一道看似复杂其实是很简单的一道智力题，他让学生们解答在所有的四位数中，各个数位上的数字之和等于 *34* 的数有几个，所有的学生解答后，数学老师皆摇了摇头，否认了。

请问：究竟共有多少个数字？

20. 订阅刊物

有 *3* 个国企共订 *300* 份《甲刊物》，每个国企最少订 *99* 份，最多 *101* 份。

请问：*3* 个国企一共有多少种不同订阅《甲刊物》的方法？

21. 真币与假币

甲某手里现有 *101* 枚硬币，其中有 *100* 枚同样的真币和 *1* 枚伪币，伪币与真币的重量不同，甲某很想弄清楚伪币比真币轻还是比真币重，但他面前却只有一架没有砝码的天平。

请问：甲某怎样利用这架没有砝码的天平只称两次，就能达到自己的目的？

22. 如何乘坐旅行车

甲公司全体员工 *30* 个人去春游，公司老总共雇了 *5* 辆小型旅行车，规定每车限乘 *7* 人，且每辆小型旅行车都不能是空车。

请问：甲公司共有多少种不同的方法去安排员工乘坐？

23. 吃橙子

姐姐买回来7个橙子给她的两个妹妹甲和乙吃。如果甲、乙每天至少要吃掉2个橙子。

请问：姐姐买回来的橙子够甲和乙吃几天呢？甲、乙总共有多少种不同的吃橙子方法？

24. 试点综合征

"试点综合征"的问题现在越来越多。实施一项改革措施，先进行试点，积累经验后再推广，这种以点带面的工作方法本来是人们经常采用的。但是，目前很多的项目都出现了"一试点就成功，一推广就失败"的奇怪现象。根据以上信息，以下哪项最不可能是造成上述现象的原因？

A. 在选择试点单位的时候，通常情况下要选择比较好的单位。

B. 为了保证试点成功，政府往往给予试点单位许多优惠政策。

C. 一般情况下，在试点过程中，领导往往比较重视，各方面的问题解决得快。

D. 有这样一种情况，试点尽管成功了，但很多企业外部的政策、市场环境却并不相同。

E. 全社会一般情况下比较关注试点。

25. 如何排位

数学老师让赵、王、孙、李4名同学排成一行，从左到右数，如果赵不排在第一个位置上，王不排在第二个位置上，孙不排在第三个位置上，李不排在第四个位置上。

请问：赵、王、孙、李四个同学共有多少种不同的排法？

26. 著名数列之汉诺塔问题

传说在一个古老的帝王墓室里，安放了一块黄铜板，板上插了三根宝石柱，在其中一根宝石柱上，自上而下按由小到大的顺序串有64个金盘。要求将左边柱子上的64个金盘按照下面的规则移到右边的柱子上。

要求：

①一次只能移一个盘子；

②盘子只能在三个柱子上存放；

③任何时候大盘不能放在小盘上面。

请问应该最少移动几次？

27. 斐波那契数列的应用

张老伯因年纪大而不能外出，就在家饲养起了兔子。他从市场买了雌雄各一两只大兔子放在自家的院子先作为种兔饲养，他想知道一年后能生出多少对兔子，假设这对大兔子每月可生雌雄各一的一对小兔子，而新生的一对小兔子经过一个月可以长成大兔子，以后也是每月产雌雄各一的一对小兔子。那么请问：一年后，也就是到第13个月的月初时，张老伯可以拥有多少只兔子呢？

28. 参展人数

某地举办一次摄影参展作品赛，在参加比赛的摄影师中：

（1）有40人不是甲县的。

（2）有38人不是乙县的。

（3）甲县和乙县共有32人参加这次比赛。

请问：参加这次摄影展的摄影师共有多少人？

29. 剖分三角形

老师让甲用对角线把正八边形剖分成三角形，要求这些三角形的顶点是正八边形的顶点，同时规定，如果两种剖分方法可以通过恰当的旋转、反射，或者旋转加反射而互相得到，那么就认为是同一种。

请问：甲共有多少种不同的剖分三角形的方法。

30. 出错

A 在元旦前夕，给他以前的四个同事，每人寄了四张贺卡，可在他把贺卡装入信封时都给装错了。四个同事在元旦时收到的都是 A 寄给别人的贺卡。

请问：A 将贺卡装错的情况共有多少种可能？

31. 如何参加比赛

甲省足球队教练从 E、F、G、H、J、K 和 M 这 7 名队员中挑选 4 名参加职业联赛，挑选必须符合足球队员的下列条件：

（1）G、H、J、K 和 M 要求：E 或 F 有一人参加，但二人不能都参加。

（2）E、F、G、H 和 M 要求：J 或 K 有一人参加，但二人不能都参加。

（3）E、F、H、K 和 M 说：如果 J 参加，则 G 也要参加。

（4）E、H、K、J 和 G 说：除非 F 参加，否则 M 不参加。

请问：四名队员可以共同参加比赛共有多少种组合？足球教练挑选其中哪个队员参加不会得到其他五名对员的反对？

32. 大学被录取情况

刘涛、张亚、李文三人被北京大学、清华大学和北京师范大学录取，但是，他们分别被哪个学校录取的，还有很多人不知道，为此，他们的三个同学分别做了如下猜测：

同学 A 猜：刘涛被清华大学录取，李文被北京师范大学录取；

同学 B 猜：刘涛被北京师范大学录取，张亚被清华大学录取；

同学 C 猜：刘涛被北京大学录取，李文被清华大学录取；

结果，同学们的猜测各对了一半。

那么，他们的录取情况是

A. 刘涛、张亚、李文分别被北京大学、清华大学和北京师范大学录取；

B. 刘涛、张亚、李文分别被清华大学、北京师范大学和北京大学录取；

  C. 刘涛、张亚、李文分别被北京师范大学、清华大学和北京大学录取；

  D. 刘涛、张亚、李文分别被北京大学、北京师范大学和清华大学录取；

  E. 刘涛、张亚、李文分别被清华大学、北京大学和北京师范大学录取；

  你认为哪个答案是对的？

33. 兄弟认亲

  在一个大杂院里，分别住着四户人家并且每家各有两个男孩。在这四对亲兄弟中，哥哥分别是甲、乙、丙、丁，弟弟分别是 A、B、C、D。一次，有位过路人看到这几个孩子正在一起玩耍，便上前问道："你们谁和谁是亲兄弟呀？"

  他们的回答分别是：

  乙说："丙的弟弟是 D。"

  丙说："丁的弟弟不是 C。"

  甲说："乙的弟弟不是 A。"

  丁说："他们三个人中，只有 D 的哥哥说了实话。"丁的话是可信的，听完他们的话，过路人想了好半天也没有想出到底谁和谁是亲兄弟，聪明的朋友，你能帮他想一想吗？

34. 巧置密码

  密码里面含有高深的学问，这里有一种密码只由 A、B、C、D、E

字母组成，而且密码的字母由左至右写成。在下列条件中只有完全满足的才能组成密码：

①每个密码的文字最短只为两个字母，可以重复。

②密码的首个字母不能是 A。

③如果一旦 B 字母在某一密码文字中出现，那么，B 这个字母就得在这一密码中出现两次以上

④C 不可为最后一个字母，也不可为倒数第二个字母。

⑤如果这个密码文字中有 A，那么一定有 D。

⑥除非这个密码文字中有 B，否则 E 不可能是最后一个字母。

问题是：

A. 如果某一种密码只有字母 A、B、C 可用，且每个密码文字只能用两个字母组成，那么可组成密码文字的总数是几？

a. 1；b. 3；c. 6；d. 9；e. 12

B. 下面给出的五组密码中，有一组是错误的，但是只要改变字母的顺序，它就可以变成一个密码文字。你知道是哪一组，怎么改吗？

a. BBCDE；b. BBBAD；c. CADED；d. DABCB；e. ECCBB。

35. 张先生的未婚妻

小赵、小钱、小孙、小李和小周五位女士是张先生的好朋友，他们经常在一起聊天。而在这五位女士中，有一位是张先生的未婚妻。下面是这五位女士一些客观条件，根据此来判断哪个才是张先生的未婚妻。

（1）在这五位女士当中，有三位女士小于三十岁，其余两位女士大于三十岁。

（2）其中两位女士是教师，其他三位是秘书。

（3）小赵和小孙属于相同年龄档，小李和小周属于不同的年

龄档。

（4）小钱和小周的职业相同，小孙和小李的职业不同。

（5）张先生的未婚妻是一位年龄大于三十岁的教师。

你得出答案了吗？

36. 亲兄弟

在北京一个大杂院里，分别住着四户人家，并且每家各有两个男孩。在这四对亲兄弟中，哥哥分别是日、月、水、火，弟弟分别是A、B、C、D。一次，有位过路人看到这几个孩子正在一起玩耍，便上前问道："你们谁和谁是亲兄弟呀？"

他们的回答分别是：

月说："水的弟弟是D。"

水说："火的弟弟不是C。"

日说："月的弟弟不是A。"

火说："他们三个人中，只有D的哥哥说了实话。"火的话是可信的，听完他们的话，过路人想了好半天也没有想出到底谁和谁是亲兄弟。聪明的朋友，你能帮他想一想吗？

37. 谁的分配最符合题意

某公安机关要从代号为赵、王、孙、李、钱、刘六个侦查员中挑选若干人去破案，人选的配备要求必须注意下列各点：

①赵、王两人中至少去一人

②赵、李不能一起

③赵、钱、刘三人中要派两人去

④王、孙两人都去或都不去

⑤孙、李两人中去一人

⑥若李不去，则钱也不去

公安机关把人选的配备问题交给了甲、乙、丙、丁四个人，以下是四个人的分配方法：

甲：挑了赵、王、刘三人去

乙：挑了赵、王、孙、刘四人去

丙：挑了王、孙、钱三人去

丁：挑了王、孙、李、钱四人去

请问：甲、乙、丙、丁四个人中，谁的分配方法最符合题意？

38. 国王的三个女儿

古时候一位国王有三个女儿，三个女儿的年龄加起来等于13，三个女儿的年龄乘起来等于国王自己的年龄，有一个大臣已知道国王的年龄，但仍不能确定三个公主的年龄，这时国王说只有一个女儿的头发是黑的，然后这个大臣就知道了国王三个女儿的年龄。

请问：国王三个女儿的年龄分别是多少？为什么？

39. 哪户人家有病猫

在一个偏僻的村里，共有50户人家，每户人家都有一只猫，50只猫中必然有病猫的存在。每个人只有能力直接观察并判断别人的猫是否有病，但无法直接判断自己的猫是否有病，并规定每户人家观察一遍别人的猫需要一整个白天的时间。每户人家只有权利杀死自己的病猫，无权杀别人家的猫也无权帮助别人判断其猫是否有病。

星期一：无任何事情发生。

星期二：也没有任何事情发生。

星期三：响起一阵枪声。

请问：这个村里有几只病猫？

40. 长颈鹿的嘶鸣

一个青年人跑上公路，拦住了名探哈莱金的车子，说要搭车前去报案，并说："有一个人——我想他已经死了——正躺在动物园里。"

哈莱金说明身份之后，要求那人带他去看看尸体。在距公路大约100米处，一个身穿门卫制服的男子背部中弹，刚死不久。

报案人说："我叫泰勒，不认识死者。几分钟前，我在路边散步，一辆小车从我身边擦过，开得很慢。后来我看见那车子的尾灯亮了，接着听到一声长颈鹿的嘶鸣，好像是遭受痛楚发出的叫声。我往鹿圈那边望去，只见一只长颈鹿在圈里狂奔转圈子，然后突然倒下。于是，我过去看个究竟，结果被这个人绊了一跤。"

哈莱金翻过栅栏，跪在受伤的鹿前仔细察看，发现弹伤位于颈部。

泰勒说："我想可能是凶手第一枪没打中这人，却打伤了长颈鹿，于是又开了一枪才击中目标。"

"正是这样。"哈莱金附和道，"不过有一件事你没讲实话。你并不是跑去报警，而是想逃跑。"

试问，哈莱金是怎么知道的？

41. 白兰地投毒案

真可怜，今天晚上就要请我的同事星野去见上帝了。因为眼看明后天财务审计的日子就要到了，若不马上采取行动，我侵吞公款的事就会暴露。

错就错在我迷上了一个高级俱乐部里的女招待，为了养活她而挪用了公款。可事到如今，后悔也来不及了，只有设法将贪污的罪名嫁祸给星野，干掉他再伪装成自杀，除此之外别无他法。

于是，我赶紧去了星野的公寓。他的公寓是二间一套的住房。单身一人的星野整天借酒消愁。此时，他正一个人坐在饭厅里喝着白兰地看着电视。

"你也来一杯吧。这白兰地还是过新年时别人送的哩。"

"那么，少来一点儿吧。"

他从碗橱里拿出一只新酒杯，很大方地给我倒上一杯，接着又要往自己还剩有大半杯酒的杯子里倒，赶巧瓶子空了，他便又从碗橱里拿了一瓶。

趁这工夫，我迅速将氰化钾投进他的酒杯里。毫无察觉的星野，打开瓶盖往自己的杯子里又倒了一点酒。

"干杯。"我们一起喝了起来。星野只喝了一口，就放下了酒杯，便突然手抓胸口一头栽倒在桌子上，当然，这是毒药奏效了。因倒在桌子上的时候，他的手碰倒了那个空白兰地瓶子，瓶子落在地板上摔碎了。我见他确实死了，便马上到厨房将自己用过的杯子用水冲洗干净，放到碗橱里，桌子上只留下星野的酒杯和刚开过盖的那瓶白兰地。我决定把摔碎的酒瓶用塑料袋装起来带回家去。

这样一来，新开的酒瓶和喝剩下的酒杯上只留下星野的指纹，即使没有遗书，也会被认为是因害怕贪污败露而服毒自杀的。

我和来时一样，没撞见任何人，便悄悄离去。当然，我不会留下任何指纹，甚至连装毒药的小瓶，我也印上星野的指纹，装到了他的上衣口袋里。

可是，当我看到第二天的晚报时，我惊呆了。

报上说，星野的尸体是那天上午被发现的，但警方认为是他杀，已开始立案侦查，并且说桌子上酒杯里的白兰地就是他杀的证据。

那酒杯里的白兰地明明是星野自己开的酒瓶倒的，怎么会成了他杀的证据呢？真让人百思不得其解。

那么，我到底什么地方疏忽了呢？哪位知道，请告诉我。

42. 坐秋千越墙

新萨雷姆村的邮局刚一建立，村里最爱读书的林肯就被任为第一任局长。当时他才 24 岁。

虽说是个局长，但又兼任邮递员。邮件用马的驿车每周运送一两次，工作很轻松，并且又可以免费最先看到从城市送来的报纸和杂志。为了将来的选票，他对熟悉的人免费提供邮递服务。

林肯经常把信件放到自己的帽子里到处去递送。如果路上碰到本人，可以随时摘下帽子取信。

可是，某日因为买了一顶新帽子，一时疏忽竟忘记了将装在旧帽子里的信拿出来递送出去。无奈，只好等第二天早晨上班前再将信送出去。

收信人是最近刚来本村上任的年轻的史密斯神父。因教堂尚未建好，他暂住在一个木板房里。

"神父，早上好。"

林肯一边敲门一边叫着，但不见回音。神父早晨是不会睡懒觉的呀，林肯觉得奇怪，便绕到院后去看。

到院后一看，他大吃一惊，史密斯神父躺在后院外面的田地里已经死了，背上插着一根印第安人的箭。

此时，幸好有保安官从这里路过。此人兼任殡仪官，是个矮胖子。

"喂，保安官，这里有你两件事要干喽。警徽和棺材。"

林肯叫住保安官向他报告了案情。

"啊，这是萨克族人的箭，是'黑牛'复仇。"

保安官跑过来看到箭，一时惊慌失措。

所说的"黑牛"是原居住此地的残暴的印第安萨克族的酋长。去年他撕毁和白人签订的协定进行谋反，刚刚被击败，在那次战斗中，林肯作为义勇兵也参加了战斗。

"可是，尽管如此，你不感到奇怪吗，林肯？"

"尸体周围怎么连一个脚印也没有？"

林肯刚才就注意到了这点。

"是的，连神父自己的脚印也没有。因为罪犯是从远处射来的箭，所以现场没有留下脚印，这倒也情有可原，可……"

保安官惊异地查看着周围地田田。

刚刚播过种的田野，因昨晚又下了一场雨，地里很湿，只要进去就一定会留下脚印的。

离尸体 3 米远处有道木板墙，足有 2 米高。邻居上个月刚刚搬走，去西部地区扩大开垦地去了，所以屋里没人。村里买下了这个院子，正计划建造一所教堂。

"昨夜的雨是几点停的？"

林肯问保安官。

"是夜里 9 点钟左右停的。"

"那么，脚印会不会是被雨水冲掉了呢？"

"如果那样，尸体也该被雨淋透的，而神父的尸体却一点也不湿呀。"

"大概到早晨就干了。"

"不，背上伤口的血也是干的。如果被雨水淋过，血会被冲掉的。"

"的确，真不愧是保安官，观察力敏锐。那么说，神父是在雨停了以后被杀害的喽。"

"是的。可是，神父是怎么被弄到这儿来而没留下足迹呢。罪犯为了销毁证据往往去掉自己的脚印。但是，很难想象被箭射中当场死亡的被害人也会去掉自己的脚印。"

保安官百思不解，不停地摇头。

"也许罪犯是隔着墙把尸体扔过来的。"

这种念头一闪，林肯走近板墙，往院里瞧了瞧，因个子高，只要提起脚跟就可以探出墙头儿。

"真奇怪，墙那边儿也没有脚印。"

林肯感到自己的猜测不对，有些失望。

在隔壁的荒芜的院子里，一棵大榆树的粗树枝上吊着一个秋千。板墙旁边的地上是片红土，连棵杂草也没有，也没罪犯靠近的足迹。

"原来如此，明白了。"

林肯突然注意到了什么，大叫一声，连自己都吓了一跳。

"喂，你弄清了什么？来让我看看。"

矮个子的保安官看不见墙那面，十分着急。

"史密斯神父的脚印为什么没留在现场，这个谜我解开了。多亏我个子高啊。"

高个子的林肯，低头看着保安官，非常得意。

那么，林肯的推理是什么？

43. 伸向炭块的手

农场主比尔约名探哈立顿在他郊外的寓所共进晚餐。比尔自己在家准备饭菜，让妻子去车站迎接哈立顿。

不料，当妻子同客人回到家时，比尔已被枪杀了。妻子一见惨状，尖叫一声，昏了过去。哈立顿扶她躺下，急忙检查尸体。确认谋杀案发生在约 1 小时前。接着察看现场，一个烤盆里有些无焰的炭块，上面烤着牛肉。托盘、刀叉、佐料散放在一旁。

这时，一个年轻人从门前经过。哈立顿叫住他，他说名叫马丁，家就住在附近，刚才听到一声尖叫，赶来看看出了什么事。

哈立顿问："1小时前你在什么地方？"

他说："在那边船厂……"

还没说完，他一眼看到炭块中有个金属制品，忙伸手从炭块里拣了出来，那是个烧得发黑的耳环。哈立顿说："跟我到警署去一趟吧。"

哈立顿为什么怀疑马丁？

44. 月夜朦胧有惊叫声

江都最有名气的侦探钱形银次，在一个月色朦胧的阴森夜晚，信步走到汤岛天神像下面。突然，听到陡坡外发出一声撕裂夜空的惊叫，他吃惊地赶过去一看，一个美丽的女子倒在高高的台阶下死去，背后直直地插着一支箭。旁边有个公子打扮的人，他脸色发青地站在那儿。当银次问他原委时，那个人这样回答说："我正要上台阶的时候，突然从台阶上面的神宫院内传来惊叫声，这个姑娘从上边滚了下来，把我惊呆了。一定是什么坏人从神宫院内的什么地方射的箭，可是因天很黑，我又在台阶下面，没看见那个坏蛋的身影。"

但钱形银次不相信这个家伙的话，反倒将他作为坏蛋逮捕了。

那么，你说为什么？

45. 不是死在这里

一个晴朗的夏日，在村头的树林中发现了歌手小川明夫的尸体。他是坐在敞篷汽车的驾驶席上死的，车篷折叠着。他是3天前自己开车出去兜风时失踪的。因车前部的工具箱中有一瓶氰化钾和一封遗书，所以人们认为他是服毒自杀的。死亡时间，据法医检验，是前天中午左右。

"如果是前天中午左右，就一定不是死在这个地方……"一个精明的刑警突然想起了什么，稍后肯定地说："小川明夫并非自杀，是他杀。工具箱中的遗书肯定是伪造的，想必凶手是为了让人看起来是自杀，才将尸体搬到这个敞篷车上，于昨天弄到这儿来的。然而，那时将车篷折叠起来正是凶手失误。"

刑警想起了什么而断定是他杀？

46. 聪明反被聪明误

一天，探长接到一个叫阿江的人的报警电话，说他的舅舅被人杀害。

探长赶到他舅舅家时，只见被害者倒在血泊之中，身旁的桌子上摆着一副残棋。这是一副围棋，黑白棋子各占一半，密密麻麻地放满棋盘，黑白分明。

阿江红肿着眼，伤心地告诉探长说："我舅舅是个围棋迷，凡是愿意和他下棋的人，都热情招待，如果赢他可以获得奖品哩。"说到这里，阿江又提供线索说："今天又来了一个陌生的职业棋手，因为我不懂下围棋，舅舅便支使我去替他买雪茄烟。谁知等我回来时，发现舅舅倒地死了，那位职业棋手却无影无踪。我相信，凶手一定是那个棋手。"

探长的目光久久地停留在棋盘上，随后缓缓地对阿江说："你别演戏了，凶手不是那个不存在的陌生棋手，而是你本人。"阿江一听，顿时呆住了，只得乖乖地跟着探长走了。

探长是凭什么识破阿江的谎言的？

47. 冰刀

在女性专用的蒸气浴室，一个高级俱乐部的女招待被杀。死者一丝不挂，被刺中了柔软的腹部。从其伤口判断，凶器有可能是短刀一类的东西。可浴室里除了一个空暖水瓶外，根本找不到看似凶器的刃具。因为案发时还有另一名女招待同在浴室，所以此人被认为是凶手。但是当时在门外的按摩师清楚地看到，此人一丝不挂，未带任何东西空手从浴室出来。而且直到15分钟后，尸体被发现，没有任何人再出入浴室。

那么，凶手究竟用什么凶器，又藏到什么地方了呢?

48. 南极探险家之死

在冰雪封冻的极地雪原，发现一具来观测极光的越冬队员的尸体，尸体旁留着一块好象玻璃熔化了似的奇怪石头，就是这块石头打中头部致死的，戴着防寒帽的脑袋被砸开花了。

然而，现场四周只留着被害人的足迹，却没有凶手的足迹，更令人奇怪的是石头凶器。这里是被逾千米的厚达万年冰覆盖的南极大陆，不露地面，连个石头碴儿都没有。

那么，被害人究竟被何人所杀呢?

49. 半块毛布

在很久很久以前，有个波罗奈国。这个国家有一条非常不好的法律。它规定:凡是能活到60岁并做了父亲的人，就要被他们的儿子披

43

上一块毛布，赶到外面去看守门户。

当时，波罗奈国有一户人家，家中有父亲和他的两个儿子，在父亲60岁的那一天，哥哥对弟弟说："你给父亲一块毛布，让他到门口看门去。"

弟弟看到劳苦了一辈子的父亲就要被赶出家门，心里十分不忍。但那时法律非常残酷，谁若是违背就要受到严惩，因此他也没有办法。弟弟含泪拿出屋里仅有的一块毛布，剪下一半递给父亲，说："这是哥哥叫我给你的，我不愿意，但也没有办法，哥哥叫你看门去。"

看到父亲披上毛布，走出屋子，哥哥一把拉住弟弟的手，说："那块布为什么不全给父亲，还留下一半来，做什么用？"但当弟弟回答以后，哥哥赶快把父亲接了回来。

试问，这是什么道理呢？

50. 篮子装面粉

彦一挑着一担菜到镇上去卖。由于在路上耽搁了时间，买菜的人很少，眼看要徒劳往返了。

正在这时，镇上面粉店的老板唤住了他："彦一，你的菜我全买下了。"

"好啊。我可以便宜些卖给你。"彦一高兴地说。

"不必便宜。"老板说，"不过，我不给你现钱，用店里的面粉跟你换青菜，你看行吗？"

"那就更好了，我家中正需要面粉呢。"彦一说，"不知怎么个换法？"

"我可以给你优惠，一担青菜换一担面粉。"店主说，"不过有个条件，必须用你装青菜的篮子来装面粉，而且不许在篮底上垫纸张、树叶之类的东西。"

这是个难题。尽管彦一的篮子编扎得很密，装稻谷之类或许不会漏掉，但装面粉，走这么远的路，到家就非全漏光不可。原来，面粉店老板听说彦一很聪明，想出个难题来考考他。

可是彦一并没有被考住，他真的用篮子装满了面粉，一点不漏掉地挑回家了。

试问，他是怎么装的呢？

51. 老板之死

一个珠宝商人，带着价值 *1* 亿日元的钻石去找钱庄的老板。老板说，有一个女人会带巨款来买钻石，请他把钻石放在客厅里，到隔壁走廊的休息室里等着。珠宝商怕钻石被人拿走，就开着房门，看着客厅。

不久，一个女人来了。他们让珠宝商到客厅里向她说明珠宝的由来，给她看鉴定书。之后，还请他去休息室等候。老板和那女人在客厅里关上门商谈。

许久，不见他们出来。这时，秘书来送茶，敲客厅的门却没有反应。珠宝商和秘书一起撞开门，发现老板躺在地上，女人和钻石都不见了。

秘书跑过去抱起老板，珠宝商则急着找他的钻石。只听得秘书叫道："死了，他死了。"

老板确实死了。死因是尼古丁中毒，手臂上有针刺的痕迹，身下还有一条浸过麻药的毛巾。客厅不大，没有可以藏身的地方，天花板和地板都不可能通到外面，门窗都从里面锁着，珠宝商还看着客厅唯一外出的通道。

试问，那女人是如何消失的呢？

52. 欢迎逃犯

这是发生在美国的故事。

某日夜，一个囚犯越狱潜逃。因身穿粗格的囚衣很显眼，他不敢在路上走。何况，这时路上到处都有狱警在搜查。

逃犯环视四周，并无他的藏身之处，只有对面一座大宅院的窗户内灯火辉煌，音乐阵阵，似乎有什么活动。他打算偷一身替换的衣服，便潜入了宅邸。但运气不佳，很快就被发现了。可出乎意料的是，他受到了热烈的欢迎。于是，逃犯一边高兴地与众人周旋，一边趁乱摸进更衣室，穿上他人的衣服顺利逃跑了。

试问，逃犯为什么受到欢迎呢？

53. 吃核桃肉

有种乌鸦，被称为会飞的"爱因斯坦"。有人认为这种生长在英国的乌鸦，记忆力惊人，比狗还聪明。比如，到了秋天，这种乌鸦能够将数千颗核桃，分别储藏在方圆几里的地方，等到冬天来临，再一颗不漏地收回。令人奇怪的是，它们还会模仿人的各种声音和机动车的响声，把捕捉它的猎人骗的团团转。如果万一有同伴落入猎人的网中，那么在同一个地方，无论猎人使用任何捕捉的圈套，都捕捉不到第二只乌鸦了。更奇怪的是，它们还会想办法把硬邦邦的核桃弄碎，吃核桃肉。

试问，它们用什么办法吃到核桃肉的呢？

54. 岛上枪声

1945 年 2 月中旬，太平洋战争已接近尾声。在孟加拉湾海域巡逻的英国舰队拦截了一支企图从海上撤回日本的侵缅日军舰队，英国舰队将日军的几艘护航炮艇击沉，但载有 1000 多名日军的两艘运输船，把日军安全地运到了一个叫兰里岛的小岛上。岛上的日军仍然顽强地用火炮向英军军舰还击。

天色渐渐黑了下来。英国舰队一时很难消灭这股岛上的日军，于是决定先进行海上封锁，防止日军趁月夜逃离。

晚上，正当英军各舰指挥官商议次日破敌方案时，忽听岛上传来了激烈的枪声和乱哄哄的喊叫声。

到底发生了什么事？第二天英军上岛一看，岛上日军全死了。

试问，这是怎么回事呢？

55. 理发师

理发师西多会调配各种颜色的染发水，许多顾客都愿意到他这儿来染发。

这天，报纸上刊登了一则凶杀新闻，警察局悬赏一万马克缉拿凶手，并刊登了凶手的照片。西多心想，如果能得到一万马克，店堂可以翻修一新了。

这时，一个人走进店来，随手关上门，掏出手枪，说："快给我理发，剪短些。"

西多一看，这个人正是报纸上登的那个凶手。他一边理发，一边想怎么通知警察。那人又要刮掉胡子，西多点点头，并建议他干脆把头发染一染。"好主意。"那个人表示同意。西多拿起四种药水准备调配。西多又说："染红色的吧，保持的时间最长。"那人想了想，同意了。

染好头发，那人很快走了。西多赶快从后门跑出去，直奔警察局。

西多对警察说："我用特制的药水，替凶手染了头发。一小时后，你们就能找到他。"警察根据头发的颜色，很快捉住了凶手。

红头发的人很多，为什么警察凭头发颜色就能捉住凶手呢？你知道吗？

56. 一个小伙子

很早以前，有一个残暴的国王，很想知道老百姓如何看待他的统治。他穿了一身普通老百姓的服装，独自走出京城，进行私访。

他走到一个村庄，遇见了一个小伙子。国王对他说："我是个游历四方的人，很想知道贵国的情况。请问，现今治理贵国的是贤明的国王还是暴君？"

一听这话，小伙子瞅着面前这个不明身份的人，他看看四周没人，便大胆地说："是个十足的暴君。"

"那你认识我吗？"国王脸上现出怒色。

"不认识。"

"我就是本国的国王。"

小伙子吓坏了。他万万没想到国王会打扮成这个样子来到村庄。但他很快又镇静下来，对国王说了几句话，国王不但没有办他的罪，反而感到很高兴。

试问，小伙子说了些什么话呢？

57. 机灵鬼

有名的机灵人纳斯特拉丁·霍加，从阿纳多拉来到保加利亚。他东溜西逛，来到了希特尔·彼得住的村子。这两个机灵鬼在街上神甫家的篱笆旁碰见了。霍加问：

"你就是希特尔·彼得吗?"

"对,我就是。"彼得回答。

"我听说你可会说谎呢。"

"这只是人们这么说。"希特尔·彼得谦虚地低下了头,"我听说你也很会说谎。"

这时,来了一个财主,他肩上扛着一只从佃户家抢来的羊羔。

"我能把这只羊羔弄过来,你信吗?"希特尔·彼得问。

"我不信。"霍加回答,"这财主是个大个子,你不是他的对手。"

"你等一会儿。你光看着,别吭声。"

彼得钻进灌木丛中。他跑到了财主的前头,把自己的一只鞋放在路间。然后,他又急忙往前跑,在 100 米的地方放上了另一只鞋。扛着羊羔的财主走到了第一只鞋那儿时,踢了一下鞋,自言自语道:

"这只鞋挺不错,结结实实的。不过,我只捡一只鞋又有什么用呢?"

他接着往前走,走到了另一只鞋跟前。

"哎,又是一只鞋,我回头去拿刚才那一只。"他说完就把肩上的羊羔撂下来,放在草地上,往回走。这时,已经把第一只鞋收回去的彼得,从灌木丛里跳了出来,抓起了羊羔和另一只鞋,回到霍加那儿。霍加看到彼得成功了,气得要死。不过,不管怎么说,他们还是宰了羊羔,生了火,把羊羔烤熟,坐下来准备吃。

"霍加。"彼得开口了,"你想不想让我没等你吃上一小口羊肉,就把你从这儿赶走?"

"你不行。"

"行。"

"那咱们瞧着吧。"

一会儿工夫,彼得真的把霍加赶走了。

试问,彼得想的是什么办法呢?

58. 顶牛

纳斯特拉丁·霍加每天中午都要打个盹儿。一个大热天，他躺在一棵李子树的树荫下。希特尔·彼得来到他跟前。

"霍加，你睡啦？"彼得推推他。

"有什么事儿？"霍加一动不动地问。

"刚才"彼得焦虑地讲了起来，"在牧场上，一头牛用犄角顶了另一头牛，那头被顶的牛死了。"

"平静点吧。"霍加抬了一下手，"让我弄明白。你说，在牧场上，一头牛用犄角顶了另一头牛……"

"对，被顶的牛死了。霍加，现在怎么办呢？"彼得问。

"用被顶死的牛做些好吃的菜。另一头牛，没什么过错。"霍加平静地回答。

"这话当真？"彼得问。

"当然。"霍加说。

"这话算数？"

"算数。"

"那，我刚才的害怕是多余的了。"彼得松了一口气。

可是，当彼得又说了一句话，霍加马上跳了起来，把自己原先的话全推翻了。

你知道这是为什么吗？

59. 一只咸鹅

镇长威尔斯很贪，他借故没收了肖尔和汉斯兄弟俩的咸鹅，挂在自家厨房外面的窗上。晚上，弟兄俩抬来梯子，准备偷偷把这只咸鹅取回来。

汉斯刚爬到一半，一束手电光把他给照住了。持手电筒的警察边跑边问："干什么的？"

"您好。警官先生，"汉斯摘下帽子，有礼貌地招呼道，"您知道，明天是镇长的生日，我们合计，在他窗户上挂只鹅表示祝贺。"

"很好，"警察听了点点头，"不过，送这点儿东西也不算行贿，你们干嘛晚上偷偷地送呢？"但当肖尔一回答，警察连连点头。他们当着警察的面把那只鹅取走了。

试问，肖尔是怎样回答的呢？

60. 报死讯

很久很久以前，有一个极其凶残的可汗，人们在谈话中都不敢提到他的名字。他没有朋友，周围的可汗谁也不敢跟这个残酷、暴烈的邻居交朋友。由于痛苦和伤心，可汗的妻子早就死了，但给可汗留下一个儿子——一个仪表出众、智慧超群的青年，名叫胡萨英。这是年老而残酷的可汗唯一的心肝宝贝。

有一次，胡萨英出外打猎，可是一去不回。可汗等呀等呀，等得心急如焚。他把短皮鞭在空中一挥，对仆人们说："你们要骑马走遍各个地方，到山上去，到草原上去，顺着河的两岸走，去找寻我的儿子。记住：谁要是带回胡萨英身遭不幸的那种消息，我就用滚铅水浇他的喉咙，去吧。"

众仆人翻身上马，到草原、深山去找胡萨英。

可怜的胡萨英躺在深山里一棵枝稠叶密的大树下，胸膛已经被撕开。显然，是野公猪用锋利的牙齿掏出了他的心脏。仆人们低头站在胡萨英身旁，既难过，又害拍。"怎样把这噩耗禀告可汗呢？"

这时有个老马夫对大家说："牧人阿里虽然贫穷，但他的智慧和技艺却广为人知。他什么都懂，什么都会。我们到他那里去问问看，该怎么办。"

牧人阿里听完仆人们的叙述，答应帮忙。后来，他真的想出了一个办法，使可汗知道了他儿子的死讯，仆人们也没有受到惩罚。

试问，他想的是什么办法呢？

61. 治病妙法

古时候，波斯国王的王后突然病了，右手右脚发麻，不能动弹。王宫里的医生谁也治不了她的病。医生们最后推荐布拉哈城的学者布阿里来为王后治病。

国王听说著名的贤哲和学者光临王宫，十分高兴，立即下令拨给他一幢房子，吩咐两个男仆和两个女仆服侍他，听从他的调遣。

过了两三天，国王把这位博学多才的医生引到后宫，隔着纱幔把生病的王后指给布阿里看，并向他说明王后得的是什么病，于是布阿里用了一个办法，把王后的病治好了。

试问，他想了什么办法呢？

62. 狮子微笑

马戏团的女驯兽师，在表演时被狮子残忍地咬碎了头部，当场死亡。

这头狮子一直由她驯养。在这之前，她曾数百次把自己的脑袋放进狮子的大口中，从未失败过。然而这天，当她将头伸进去时，不知为什么狮子显露出好似微笑的表情，突然一口咬碎了女演员的头部。

在表演前，已给狮子喂了足够的肉，它绝非饿了。而且，也全无发情期脾气暴躁的迹象。那么，狮子今天为什么要咬死自己的主人呢？难道真是野兽无常的凶残性所致吗？

后来查明，是令人不可思议的狮子的微笑，害死了女演员。

你知道这是怎么回事吗？

63. 水中起火

1940 年，英法联军实施敦刻尔克大撤退计划。在大撤退前，英法联军指挥官们一起研究对策。"我们身后，将有上千辆德国坦克在追击。不除掉这些坦克，我们就无法安全撤退。"——这就是摆在英法联军面前最棘手的难题，以当时的武器装备，是无法敲掉这些坚不可摧的"乌龟壳"的。

一位将军站起来说："我们用洪水阻挡他们。"

另一位将军站起来反驳："可是洪水也会阻挡我们自己。再说，洪水一退，他们仍会紧紧地跟上我们。"

第三位将军敲了敲桌子说："假如洪水中燃起熊熊大火呢？"

大家都被这无稽之谈引得发笑起来："小孩子都知道能用水灭火，洪水中怎么能烧起大火呢？"

可是，那位将军的想法却做到了。

试问，他是怎样做的呢？

64. 强盗盗石头

村民们登岸后，各自分散行走，只有彦一跟着村长，结伴往伊势神宫走去。

走着走着，他们发现有个彪形大汉一直在尾随着。村长悄悄对彦一说："这个人看来不像个好户头，他老盯着咱们，得提防着点。"

彦一点点头。他已想好了对付的办法，就胸有成竹地说："不要怕，我会让他满意的。"

晚间，村长和彦一住在一家旅馆里，临睡前彦一在院子里捡了几个石头放在包袱里，而把包袱里的钱拿了出来，放在别处。

半夜时分，那个大汉果然撬门入室，偷走了包袱。大汉满心欢喜地走出门外，趁着月光打开一看，见包袱里全是石头，不由怒火中烧，狠狠地骂道："好小子，想骗老子，老子非把你们连钱带人一起抢走不可。"

就在这时，大汉又发现包袱里面还有一封信，拆开一看，心中大喜。他连忙抱起石头，兴冲冲地走了。

彦一和村长又一次避免了损失。

试问，为什么强盗见了信就兴冲冲地走了呢？

65. 大龙虾

专营龙虾的餐馆男主人弗伦茨被杀死在厨房里，衣袋都掏空了。女主人向警长哭诉："我丈夫非常慷慨，每当流浪汉来到餐馆，他总是给他们吃的。这次杀人抢劫，我认为是个穿土黄色上衣的人干的，此人曾在厨房和我丈夫说话。"正说着，一抬头说："你瞧，就是他。"

围观的人群中，一个穿一件很脏的土黄色上衣的人被警士带到警长面前。他辩解着："我刚才是在这儿，我可什么也没干。一个戴着围裙的人说给我吃点东西，于是他把一条大红龙虾放进锅里，让我20分钟后来吃。"

警长说："你已经露馅了。"

试问，警长为什么这样说呢？

66. 邮票还在

集邮家格罗斯的寓所面向大海，前后都有窗子。他有两张珍贵的邮票，今天上午放在写字台上。写字台前窗子当时关着，不料风太大，窗子突然被吹开，把一张邮票吹到窗外，带进了大海。风停半小时之后，名探霍尔来访，格罗斯约他在房前海滩上散步，谈了这件令人惋惜的事。

霍尔边听边低头观察，发现了一只海鸥的足迹。从足迹看，这只海鸥是面朝着大海起飞的。半小时前退潮的海水没有抹掉这些足迹，说明海鸥飞走的时间不超过半小时。

霍尔问："是您亲眼见到邮票被吹到窗外的吗？"格罗斯说："不，是秘书告诉我的，他说幸好他及时按住了另一张。"霍尔说："那张邮票还在。"

试问，为什么霍尔要这样说呢？

67. 绅士讨债

从前，有一个绅士到佃户家去讨债。一进门狗就狂叫起来，一个孩子忙把它叫住。绅士问："你爸爸呢？"孩子答道："去挖洞堵窟窿了。"

"你妈妈呢？"

"在烤上星期吃的面包。"

"姐姐呢？"

"在哭去年的欢乐。"

"哥哥呢？"

"在埋葬活的东西，让死的东西复活。"

"那你在干什么?"绅士最后问道。

"保卫大腿。"小孩答道。

绅士很是生气,说:"简直是胡说八道。告诉你家大人,休想用孩子来抵债。你要正经回答我的问题,否则我去叫警察。"

"我实事求是地回答问题,你怎么听不懂?"小孩说。

"我敢打赌,你胡言乱语,根本就解释不清楚。"

"赌什么?"

绅士掏出借据,说:"你要是能说清楚,我立刻撕了它。"后来,那孩子说了几句,把上面这些话解释得清清楚楚。绅士没有办法,只好将借据撕了。

试问,孩子是怎样解释的呢?

68. 守财奴

很久以前,印度某地住着一家人。主人是个远近出名的守财奴。

有一天,守财奴的一个朋友约他第二天去参加午餐会。朋友家离得很远,但守财奴舍不得花钱坐车去,就决定起早赶去。

第二天,守财奴起了一个大早,动身上路了。他走啊,走啊,累得气喘吁吁,脚底疼痛,但他心里很高兴。

"不坐车,自己走,省了钱了。"他一面走,一面得意地自言自语。

快到朋友家时,他忽然想起一件大事:我离家时,卧室里的灯是不是熄灭了?如果没熄灭,那不要白白耗费许多灯油吗?不行,回去。

于是守财奴调头而回。来的时候是快走,回的时候变成快跑了。他想:"得赶快回去,少耗费一点油也是好的。"

他跑到家门口,恰好碰到了他的仆人。

"我卧室里的灯熄灭了吗?"守财奴问。

"我干事很细心的,您一离开家,我就把灯熄灭了。"

"你干得不错，这下可给我省了灯油了。"守财奴心里一块石头落地了，不住地夸他的仆人。"但是，老爷，"仆人说，"您这样来回地跑路，我想，您的鞋一定会被跑坏了。"

但当守财奴回答以后，仆人不得不夸守财奴想得周到。

试问，守财奴是怎样回答的呢？

69. 查血型

某公司董事长有两个儿子——哥哥彼得和弟弟查理。一天夜里，新婚3天的彼得横死街头，查理也突然失踪。警方调查是：

（1）彼得和查理为争夺财产继承权，平时已互不理睬，甚至扬言要杀死对方。

（2）死去的彼得的血型是 A 型，他身上还有别人的血迹，是 AB 型，看来是凶手的血。

（3）彼得的父亲的血型是 O 型，母亲的血型是 AB 型。他的弟弟已失踪，无法调查血型。

（4）彼得衣服上有他夫人玛丽的指纹，但玛丽的血型是 B 型的，且已怀孕两个月。

（5）玛丽在彼得死去前一星期跟前夫西兹离婚，西兹在彼得死后的第二天离开当地，无法调查血型。

（6）此案没有发现其他嫌疑犯。

试问，根据以上线索你能推测谁是凶手吗？

70. 两只猫

村里有个叫传兵卫的人。他家里养了1只猫，这只猫又生下了4只小猫，其中的3只被人家要走了，只留下1只雌猫。一年后雌猫长大了，长得和它母亲一模一样，除了传兵卫，任何人也分辨不出哪只是母猫，哪只是小猫。

一天，传兵卫和几个朋友在家中喝酒，正喝到兴头上，酒没有了，可是谁也不高兴跑到老远的镇上去打酒。传兵卫就把邻家的孩子喊来说："彦一，大家都称你是个聪明的孩子，现在，正是你发挥聪明才智的时候。你把这两只猫辨认一下，如果能分出哪只是母猫，哪只是小猫，我奖赏你糕饼。如果分辨不出，就替我们到镇上去打酒。"

传兵卫以为彦一是无法分辨清楚的，这样就可差使他到镇上去买酒了。

然而，彦一却满口答应了传兵卫的要求，并且很快就准确地分辨出了哪只是母猫，哪只是小猫。

试问，这是什么道理呢？

71. 尝尿液

德国著名内科医生约翰·舍莱恩有着高超的医术，他的启发式教学方法同样受人称颂。

在一次实习课上，他给大学生讲道："作为一个医生，应该具备两种品质：第一，不苛求清洁；第二，要有敏锐的观察力。一些老医生在诊断糖尿病时，往往亲口尝一尝病人尿液的味道。"

说完，舍莱恩给同学们进行了示范——把手指浸入盛有尿液的小杯子里，然后伸到嘴里舔了舔。做完这个动作，舍莱恩问学生：

"谁来试一遍？"

学生们你望我，我望你，感到为难。这时有一个勤奋的学生仿照他老师的做法，用手指伸进尿液杯，尝了尝尿液的味道。

但是，舍莱恩却批评了他。

试问，这是为什么呢？

72. 黄铜杯子

在宽阔的河面上，有一只渡船在徐徐行进。船上只有一个客人，船到河心的时候，这个客人拿出一只黄铜杯子倒酒喝。那黄铜杯子熠熠发光很是吸引人，船夫见了以为是黄金的，便产生了抢劫的念头。那客人见船夫不时对他贼头贼脑地张望，便知他不怀好意，于是他想了一个办法，打消了船夫抢劫的念头，保住了性命。

试问，这个客人想了什么办法呢？

73. 无货不备

美国有一家大百货公司，门前有一块大牌子，上面写着："无货不备。如有缺货，愿罚 10 万。"

有一个法国人看了这则广告，很想得到这 10 万元，便去见经理，开口就说："潜水艇在什么地方？"经理领他到第 22 层楼，当真有一艘潜水艇。

他又说："我还要看看飞行船。"经理再领他到第 9 层楼，一看，果然有一飞行船。法国人还是不罢休，问道："可有肚脐眼生在脚下面的人？"

他以为这样一问，经理一定要难住了。谁知经理不动声色，对旁边的店员说了一句，却真有一个肚脐眼生在脚下面的人出现了。

试问，怎么会这样的呢？

74. 摇晃小树

公园刚种上一排嫩绿的小树，几个调皮的孩子使劲地摇晃着玩。

有好几个人去劝，他们都不听。

心理学家劳格先生正好看到了这个场面，就走到树前，什么也不说，把耳朵紧紧贴在树干上，像是在倾听什么。

几个孩子见此情景，个个莫名其妙。

"伯伯，您在干什么呀？"

但当劳格说了一句话以后，这些孩子都不再摇晃小树了。

试问，他说了句什么话呢？

75. 大笑

一个美国中将到外国的一个兵营参观。末了，他在队前讲话。为了活跃气氛，他足足用了 10 分钟，讲了一个自认为很好笑的笑话。

轮到译员翻译了，他只用了三句话，在场的人无不捧腹大笑起来。

这个将军觉得美滋滋的。事后问译员："这样长的笑话，你为什么三言两语就能说得清清楚楚？"

试问，译员是怎样回答的呢？

76. 打官司

柯雅德希："律师先生，如果我在开庭之前送一只肥鹅给法官，并附上我的名片，您认为怎样？"

律师："您发疯了？您会立刻因贿赂法官而输掉这场官司的。"

开庭的结果是柯雅德希赢了这场官司。第二天他得意地告诉律师："我没听您的劝告，还是把鹅寄给了法官。"

律师怀疑地说："这不可能。"

"可能的。"他解释道。

试问，为什么这是可能的呢？

77. 一个盲人

一个盲人在路上遇到了警察。"您好，警官先生。"盲人抢先打招呼。

"怎么，您看得见我。"警官心里很纳闷。

试问，盲人怎能看见警官呢？

78. 锦囊妙计

巴黎的《国际先驱论坛报》曾刊载一条"信不信由你"的内幕新闻。

据说里根于1980年当选美国总统后，卸任总统卡特留给他三封标有号码的密封信函，告诉他遇有紧急困难和问题，可按次序拆开信封，必会发现"妙计"。

1982年美国发生经济衰退，国内局势不稳。里根连忙拆开第一个信封，里面有纸片，仅写着"骂我"两字。里根顿悟其妙，于是在各种场合上都把美国经济的糟糕现象归咎于他的前任，指责卡特给他留下一个烂摊子，使他无法收拾。这一招果然很灵，几次民意测验显示，里根的声望逐渐恢复到相当稳固的程度。

1984年美国政府因财政赤字问题而苦恼，国会中的责难声不绝于耳。于是里根拆开第二个信封，信笺上的字是"骂国会"。里根便依计而行，多次指责国会阻挠他执行经济缩减计划，致使赤字居高不下。他又成功了，国内对他的批评逐渐减少，他在"盖洛普"民意测验表上的得分又上升了。

1986 年 11 月，美国暗中向伊朗出售武器，将贷款用于支持尼加拉瓜反政府武装，闹得满城风雨，被喻为"新水门事件"。里根在国民中的信任率降到他任期内最低水平。在此危急关头，他在 12 月中旬拆开了第三个信封。信纸上只写着："再准备 3 个信封"。里根总统阅后，不知什么意思。

试问，你知道什么意思吗？

79. 非洲大象吞岩石

肯尼亚的艾尔刚山区是非洲象经常出没的地方，那里有许多奇怪的山洞。令人惊讶的是，当地人们在每年的干旱季节里，常常看到非洲象会成群结队地走进山洞，缓缓地穿过一条狭小的通道，来到里面阴暗而潮湿的中央大洞，用它那长长的象牙在洞壁上挖凿下一块一块的岩石，接着又用它们的大鼻子卷起岩石，一口一口地吞下肚去。然后在洞中稍加休息，领队的非洲象便发出集合的信号，他们又排成队列走出洞口。非洲象是吃植物为生的，怎么会吞食岩石呢？

试问，这是什么道理呢？

80. 生日相同的五同胞

每年 2 月 20 日，5 个孩子都要回到弗吉尼亚州的家里庆祝生日，他们的母亲卡罗琳是州卫生福利局的护士，父亲拉尔夫是高中历史老师。

提起这对"奇迹般的父母"，还要追溯到 1952 年的 2 月 20 日，预计 3 月份出生的婴儿提前两个星期出世了，这是长女卡莎琳，一年之后的同一天次女罗尔又诞生了。夫妇二人对这种巧合惊讶不已，便去和医生商量。

"能使第三个孩子和前两个一样吗?"

"除非有相当的运气。"医生说,"有可能在预定的日子里分娩,不过这也只有4%的概率。"

1954年6月,卡罗琳又怀孕了,他们向医生请求:"如果到2月20日还生不下来,就请用催产方法。"然而,到了这一天却自然地分娩了,生下来的是儿子查尔斯。

5年之后,卡罗琳又是在2月20日生下了三女儿克劳蒂娅,生她时,家中正为3个孩子庆祝生日,卡罗琳分娩后就立刻回到家里,为孩子们烤糕点。

最后出生的是小女儿赛茜莉娅。此时这对夫妇和他们的孩子的事已是家喻户晓,大家都在翘首以待。2月20日这一天,父亲拉尔夫因观看足球赛而坐在运动场里,比赛中途,突然从扩音器里传出了:"拉尔夫,祝贺你,生了个女儿。"运动员们停止了比赛,将拉尔夫抬了起来。

这5个孩子的血型一样,性格相似,而且都非常用功。

试问,你还知道有5个子女生日相同的事吗?

81. 一顿美餐

许多年以前,有一家英国人住在中国。一天晚上,一位中国要员去拜访他们,很晚了还没有要走的意思,女主人只好留他吃晚饭。但是家里吃的东西不多,她连忙到厨房去通知她的中国厨师。

厨师说:"没问题,保证你们会吃上一顿美餐。"

大家人座之后,女主人惊喜不已,因为桌子上果真摆满了各种美味佳肴。

饭后,女主人跑进厨房问那厨师:"你是怎么在半小时之内做出那么多好菜的?"

当厨师回答以后,女主人吃惊不小。

试问,厨师是怎样回答的呢?

82. 一块地

一个巴西农场主在一座城市附近买下了一块地后,马上开着拖拉机去耕耘。犁铧从地里翻出了一颗门牙。

"倒霉。"他嘟哝了一句,继续往前耕。

100 米后又翻出了一颗牙齿。

"简直莫名其妙。"农场主自言自语,还是往前耕去,大约 *30* 米后,犁头又从土里翻出一颗牙齿。

"这事肯定不对劲。"他叫了起来,掉转拖拉机就开回家去。

当时他就给这块地的原主人写了一封信:"我买下的地以前是不是坟地?我要求您把钱还给我,我可不喜欢鬼魂出没的土地。"

两天后来了一份电报,那是原主人的。

试问,那份电报是怎么说的呢?

83. 老马夫辨马

有个老马夫养了一群马,半夜的时候有个盗马贼把一匹马给盗走了。老马夫想,这贼一定要把马牵到市场上去卖,就到市场上去守候。盗马贼果然牵着马来卖了。老马夫走上去说:"这马是我的,你把它偷了。"盗马贼说:"这马是我自己养的,怎么说是你的。"老马夫便把马的两只眼蒙起来说:"你说马是你的,你知道哪一只眼是瞎的吗?盗马贼说:"左眼是瞎的。"老马夫放开左眼。盗马贼一看左眼是好的，他忙又改口，但是老马夫却照样把盗马贼抓住了。他是怎么做的呢？

84. 服务员

唐博慢慢走去，在一张饭桌前停下来，问坐在桌旁的女顾客："您想要点什么？"她回答道："我要先看看菜单。"唐博说："当然可以，您请。"女顾客点了日本牛排和中国啤酒。唐博问："牛排要烤老的，还是带血的？啤酒是否要冰镇？"听了女顾客的要求，他说了声："谢谢，立刻送来。"就慢慢离去了。

不久，饭菜都准备好了，唐博彬彬有礼地送到女顾客面前。女顾客吃得津津有味，开始和唐博聊起天来。唐博说："我愿留下，但交谈一小时您应支付 150 美元。"下面是他们的一段对话。

女顾客："你知道我没有付饭费吗？"

唐博："如果这样，我就把饭端回去。您知道没有钱是不能进饭店吃饭的。"

女顾客："我只是开个玩笑，我口袋里有的是钱。不仅如此，我已经给经理 150 美元的谈话费。"

唐博："那太破费了，不过，我的经理会喜欢的。"

女顾客："你会算账吗？10 乘 10 等于几？"

唐博："100。"

女顾客："你真聪明。"

唐博："谢谢您，这是我的工作内容。"

试问，你知道唐博这个服务员是什么人吗？

85. 谁救运输船

那是在第二次世界大战中的一个深秋之夜，英国"莱西"号军用运输船在顺利完成一次运输任务后，航行于马六甲海峡中，准备经中国海返回香港。突然，船体猛地抖动了一下，随着船舱底部的一声巨响，整个船体向右倾斜了40度，船速立刻减了下来，船上顿时大乱起来。

"全体船员迅速按抗沉部署就位。"船长毫不犹豫地向全船发出号令。

船员们也在忙乱中逐步清醒过来，迅速按部署各就各位准备堵漏抗沉。可是先下去堵漏的船员没多久又都跑了上来："我们触礁了，船底漏洞太大，水已漫上来，无法堵住了。"尽管弃船是一个船长一生中最不想下的命令，但眼看着船体下沉，看来也只好下令了："放下舢舨，按部署准备弃船。"船长有气无力地下达了弃船的命令。船上顿时更加混乱起来，有的急着收拾自己的贵重物品，有的在寻找救生衣或救生圈。几个船员解开系舢舨的绳子，将舢舨慢慢地放下船去。

"船长，船长，舱里的水停止上升了。"一个刚从舱里爬出来的船员向船长大声叫着。"你说什么？"船长被这惊人的喜讯惊呆了，他不敢相信自己的耳朵，大声地问。"水停止上升了，我们的'莱西'号得救了。"刚才还是乱成一片的舱面一下子安静下来。"怎么回事？不是在开玩笑吧？"船员们心里这么想着，眼睛不由得都往舷下看去。此时，船身已经停止下沉了。"女皇万岁。"随着一声呼喊，整个船上又沸腾起来了，人们互相拥抱着，欢呼着，有的跪在甲板上祈祷起来。"各就各位，收回舢舨，准备起航。"

"莱西"号运输船起航了，尽管已失去了原有的航速，但总算平安地返回了香港码头，船被拖进港后，船员们不约而同地来到舱下，等着把水抽完后看看到底是怎么一回事。

大家下去一看，不禁大吃一惊。

试问，你知道这到底是怎么一回事吗？

86. 滞销书

一出版商有一批滞销书久久不能脱手，他忽然想出了非常妙的一个主意：给总统送去一本这本书，并三番五次去征求意见。忙于政务的总统不愿与他多纠缠，便回了一句："这本书不错。"出版商便大做广告："现有总统喜爱的书出售"。于是这本书被一抢而空。

不久，这个出版商又有书卖不出去，又送了一本给总统。总统上过一回当想奚落他，就说："这本书糟糕透了。"出版商闻之，脑子一转，又做广告："现有总统讨厌的书出售"。又有不少人出于好奇，争相购买，书又售尽。

第三次，出版商将书送给总统，总统有了前两次的教训，便不作回答。但出版商却又以此赚了不少钱。

试问，出版商这次是如何做广告的呢？

87. 襁褓中的孩子

一天，某人有意刁难瑞士大教育家彼斯塔洛齐，向他提出一个问题："你能不能从襁褓中就看出，小孩长大以后会成为一个什么样的人？"

彼斯塔洛齐回答得很正确，使那人无法反驳。

试问，他是怎样回答的呢？

88. 音乐的慰藉

德国作曲家勃拉姆斯（*1833～1897年*）年轻时就受到李斯特和舒曼的关注和帮助。他一生扑在音乐事业上，勤奋地工作。但他出身贫穷，父亲把脱贫致富的希望寄托在他身上。为了帮助家庭，他把挣来的钱都拿了出来，但总是杯水车薪，无济于事。加之他父亲不善理财，花钱轻率，因此经常入不敷出。

有一次勃拉姆斯离家外出，他对父亲说："要是你遇到不顺心的事，我觉得最好的慰藉是音乐。那时，请你翻翻我那本旧的《索耳钢琴练习曲》，也许你会消除烦恼的。"

父亲并不懂他话里的含义，没当回事。不过没几天，他手头就又拮据了。这时，他想起了儿子的话，便找来了那本曲簿，看能找到什么慰藉。谁知他翻开一看，真的得到了安慰。

试想，这是什么道理呢？

89. 报复记者

罗素于*1920年*曾来过中国，可到中国后生了一场大病。病后，他拒绝任何报社的采访，一家对此很不满意的日本报刊故意刊登了罗素已去世的消息。后虽交涉，他们仍不愿收回此消息。

在回国的路上，罗素去道日本，这家报社又设法采访他。

作为报复，罗素让他的秘书给每个记者分发印好的字条。

试问，你知道字条上写着什么吗？

90. 出租死尸

在菲律宾马尼拉市，有一帮人经常在晚上去医院租用死尸，每具死尸的租金大约500比索。他们把死尸租回来后，照例哭叫一番，便关上门，通宵守着死尸过夜，次日一早便把死尸归还医院。

这件怪事引起了一家杂志社的兴趣，他们派出记者深入调查。终于发现那帮租尸者原来是一群赌徒，他们租用死尸正是为了博钱。

试问，这是为什么呢？

91. 诺贝尔的自传

把毕生精力全部献给科学事业的诺贝尔，曾经写过一篇世界上最短的自传。全文如下：

"阿·诺贝尔呱呱坠地之时，小生命差点断送在仁慈的医生手中。

主要美德：保持指甲干净，从不累及他人。

主要过失：终生不娶，脾气不佳，消化力差。

唯一愿望：不要被人活埋。

最大罪恶：不敬鬼神。

重要事迹：无。"

试问：您从这个自传中能受到什么教育？

92. 送花

一位东方女性，数年前到英国伦敦自费留学。开始，她在一家美

69

发厅打工，女老板初时待她很好，短短两个月内便给她加了三次薪。勤快是一个方面，关键是她很会待人接物。

一日，女老板的丈夫突然患急病，住进了医院，出于人之常情，她打算去探望一下老板的丈夫，顺便也可借此略表自己对女老板的谢意。于是，她在花店里选购了一束红玫瑰，便匆匆往医院赶去。

走在半道上，也不知道是哪根神经作祟，她突然就觉得这束花的颜色过于单调而且很俗气，似乎有点送不出手。碰巧路边就有一家花店，她便不假思索地拐了进去，又掏出一把汗水换来的票子，精心挑选了十数枝白丁香花，与手中的红玫瑰掺和，红是红白是白，的确要比先前的一色红增添了几分艳丽的美感。当她抱着那一束鲜花走入病房时，女老板顿时柳眉倒竖，杏眼圆睁，不由分说地一把将她推出病房。

第二天，她竟被女老板炒了鱿鱼。

试问，你知道为什么吗？

93. 蚂蚁灭火

从"热锅上的蚂蚁"这句家喻户晓、妇孺皆知的民间俗语，可知蚂蚁讳火之极。然而，世间也有蚂蚁救火的奇闻。

英国著名动物学家史密斯，于某年酷暑，做了一次有趣的观察实验，他在杂草丛生、荆棘没膝的荒冢群墓中间，找到一个颇大的蚂蚁巢穴，只见成群结队、身长约3毫米的蚂蚁，正来往穿梭般地朝洞里搬运"粮食"，那股忙碌而有条不紊的劲儿，叫他看后既眼花缭乱，又敬佩不已。

史密斯仔细端详了一阵后，慢悠悠地将藏于公文包里的一盘蚊香点燃，放置在蚂蚁进出必经的洞口，群蚁吓得四处逃窜。洞内的蚂蚁再也不敢伸头探颈，而匆匆朝深处躲藏；洞外运送"粮食"的蚂蚁，惊慌失措地爬上洞口的上端，伸出两支微小的触角，寻觅栖歇安身的归途，视其神态异常地焦心忧虑。

约摸过了 20 秒光景，蚂蚁像突然接到"上级"命令一般，瞬间便恢复了常态，一只接一只地爬上蚊香火苗中心去"灭火"，一只爬上倒下了，另一只爬上去又倒下了，真是"杯水车薪"，很快在蚊香旁躺下一片枯槁的蚁尸……

然而蚂蚁并未示弱，依然一只只奋不顾身地朝火星点爬去。约摸过了 40 秒钟，史密斯偶然发现蚊香燃烧的火焰点缓缓地缩小了，并且越来越小。

史密斯骤然吃惊，掏出 300 倍放大镜，对准繁忙灭火的蚂蚁仔细观察，只见一只只不畏火焰的蚂蚁还是朝火焰顶点上爬去，张开小嘴，像在呕吐一般，将液体泼在火星点上，"救火健儿"虽未逃脱烧死的厄运，然而火星更加小了，蚂蚁们似乎看到了胜利的曙光，更加骁勇而又频繁地去"救火"。

约在 1 分 45 秒的时间后，蚂蚁终于将蚊香上的火焰点扑灭了，史密斯用微米尺量了一下堆积的蚁尸，估计不下数千只。

试问，蚂蚁在火焰上吐的是什么东西呢？

94. 军事演习

达芙妮小姐每天都要从乡下的别墅到城里去。这天，她在路上看到许多士兵、坦克、大炮和汽车，她不知道军队在演习。

她开车来到一座桥头，一位军官规规矩矩地向她敬了个礼："小姐，你不能从这里经过。"

"为什么？"达芙妮小姐看着那座完好无损的桥问道。

"它在两小时前就已经被炸毁了。"

"那么我什么时候可以过去？"

"很抱歉，小姐。"军官严肃地回答，"我无法告诉你。"

试问，为什么这个军官不能告诉她呢？

95. 教择友

古希腊哲学大师苏格拉底的三个弟子曾求教老师，怎样才能找到理想的朋友。苏格拉底没有直接的回答，却让他们去麦田埂，只许前进，且仅给一次机会选摘一支最好最大的麦穗。

第一个弟子走几步看见一支又大又漂亮的麦穗，高兴地摘下了。但他继续前进时，发现前面有许多比他摘的那支还大，只得遗憾地走完了全程。

第二个弟子吸取了教训，每当他要摘时，总是提醒自己，前面还有更好的。当他快到终点时才发现机会全错过了。

试问，第三个弟子是怎样选摘最大的麦穗呢？

96. 巧取王冠

有一次，一位国王举行盛大宴会，参加的人很多。国王在 15 米见方的豪华地毯正中放了一顶金光闪闪的王冠。国王说："女士们，先生们，谁能不走上地毯拿到这顶王冠？但只能用手，不能用其他任何工具，有谁能拿到它，就把它作为礼物送给谁。"

话音刚落，人们立即围在地毯周围争先恐后地伸出了手，但谁也够不到那顶王冠。

这时，有一个小女孩，她笑笑说："我可以拿到它。"

说完，她真的拿到了那顶王冠。

试问，她用什么办法拿到王冠的呢？

97. 失火

波兰著名小提琴家亨利·舍林格有一次到英国演出。晚上，他下榻一家旅馆，刚睡下不久，就听到外面人声鼎沸，一片混乱。他急忙起身，原来旅馆失火了。

旅客们混乱不堪地奔下楼，逃离旅馆。舍林格也抓起自己名贵的小提琴，和人们一起冲出楼外。

旅馆外面的草坪上，逃出的人们惊恐万状，大人们在叫，小孩子在哭，乱成一团，这对救火十分不利。这时舍林格想了一个办法，居然使所有的人都安静了下来，等待着消防车的到来。

试问，舍林格想的是什么办法呢？

98. 女警长

华特和约翰是纽约小有名气的贼。今天，他们要感谢那张晨报给他们带来的消息：安莉太太离家出走，还印有她的照片。刚才安莉太太从银行走上大街的当儿，就被从咖啡厅出来的华特发现。他认定她是使自己走运的女神。

他和约翰一左一右走在安莉身边。

"你好，安莉太太。"

她睁开眼，不明白这两位年轻的陌生人，怎么知道她叫安莉。

"我们彼此好像并不相识。"安莉太太冷冷地看了他俩一眼，两手依旧紧压着那只黑包。

华特告诉她，他们公司的老板找她商量一件事，事成之后，她可得到一笔数目可观的酬金。

73

他们开车把安莉接到一家旅馆。老板在 901 号房间等候她。但打开房门一看，房内空无一人。安莉觉得情况不妙，刚要退出房间，她的头部就遭到歹徒的猛击，差一点昏倒。她的黑包掉在地上，眨眼间成了两个歹徒的猎物。

安莉太太用身子顶住门，不让歹徒溜走，除非把包还给她。包里有 10 万美元啊。

"你们再不还我的包，我就喊人了。"安莉太太急得脸色煞白，声音颤抖。

两个歹徒不把她放在眼里，狂笑道："你要是变成玛丽·格拉茨警长，我们就把包还给你。"歹徒冲过来想夺门而逃。安莉和歹徒开了个小小的玩笑，便逮捕了两个歹徒。

试问，歹徒怎么会被逮捕的？

99. 高明选手

美国洛杉矶有甲、乙、丙三个人，他们都是好朋友。甲是全国网球冠军，乙是全国象棋冠军。

有一天，他们在"OK"俱乐部痛痛快快地玩了一个下午。吃晚饭时，丙对周围的人说："今天我真高明，又打网球又下象棋，我不仅战胜了这位网球冠军，还战胜了这位象棋冠军。"

"真的吗？"有人不相信。

"当然，你们看，他们两人都承认了。"丙对大家说。

"那，肯定是他们让你的。"周围的人说。

"没有。我们是尽到了最大努力的。"两位冠军诚恳地说。

周围的人都深感奇怪。

你知道这是什么道理吗？

100. 一个"口"字

小赵和小田打算一同去看望因病住院的李师傅。

小赵问小田："咱俩星期几去？去时给李师傅带些什么吃的东西？"

小田没有回答，只在纸上写了个"口"字。

小赵琢磨了一番就明白了。

试问，你知道他们准备星期几去？带些什么东西去呢？

101. 三兄弟挖井

有一年，天大旱，三个月没下一滴雨，一家三兄弟决定挖口井。

三天下来，三兄弟累极了。但是，井还没挖成。老大看看手上的血泡，说："这井挖好后，井水得归我分配，是我动员大家想法子的。"

老三急忙乱叫："不行，主意是我提出来的，水得归我分配。"

老二没吭声，心里却想：这一大一小都想先捞甜头，跟他们一起干，真划不来。第二天，他就换个地方，一人独干了。

老三跟老大又干了一天，老三实在累得受不了，心里想：他年老力衰，不明摆着自己吃亏吗？第二天，他也换了地方。

试问，结果怎样呢？

102. 拍卖吉祥数字

一位少妇来到拍卖行，要求拍卖她丈夫的电话号码和汽车牌照。

"夫人，这可是上上的吉祥数呀。"拍卖行经理看过号码，对少妇说："您瞧，电话号码是'发发发我就要发（8885918）'，汽车牌照是'要发一路发发发（18－16888）'。夫人，您丈夫真的同意把它们卖掉吗？"

那少妇听了并不回答。

试问，少妇为什么不回答呢？

103. 黑猩猩报仇

在动物园里，最有意思的大概算是黑猩猩了。它们的模仿能力非常强，记忆力又好，常常弄得管理员啼笑皆非。

一次，黑猩猩菲菲患了病，它跟主人来到兽医院。它仗着几年来在电视台的文艺晚会上露了几手，"牛"劲儿可大了。医生给它听诊，它胸脯一腆，眼一闭，一副满不在乎的样子。照 X 光时，医生一比划，它就三步两步走到 X 光板前，把光板抱在胸前，神态自若，连见多识广的医生都翘起大拇指。

可是有一天，这只猩猩却对前来看动物表演的一位观众又抓又咬，弄得这位观众十分狼狈。你知道黑猩猩为什么要咬这个人吗？

104. 破译布什无字书

杨鹏翔先生是海外知名华人作家，现任澳门华光书局集团公司董事长职。他在年逾花甲后，写成了《伟大的改革家——邓小平》一书，赠给全世界 100 多个国家的元首和地区首脑。先后有 40 余国的首脑人物复信向他致谢。然而，美国总统布什的来函只有 5 张彩照，不见片纸。

当时，正值中美关系有些紧张，布什进退两难。智囊团的谋士们终于为他想出了这个"照片外交"的策略。杨先生破译布什精选的5张照片后，立即在珠海将掌握的信息快速传到北京。

这五张彩照，第一张是布什坐在白宫总统办公室；第二张是布什在国会讲坛上发表演讲，身后坐着参众两院的议长，他们的眼睛正注视着他；第三张是布什出席记者招待会；第四张是布什站在海边的礁石旁，海有微波，不是大浪；第五张是布什张嘴带笑，双手叉在胸前。

北京的领导人对布什的外交姿态心领神会。

你知道这5张照片是什么意思吗？

105. 计除狮子王

在一片森林里，有一只非常骄傲自负的狮子，名叫曼陀末底。它十分贪婪、残忍，谁见了它都别想活命。没有办法，林子里的羚羊、野猪、水牛、兔子等会聚后，一起向狮子哀求道："陛下，希望你不要把我们的种类连根灭绝。我们每天轮流送给你一只林中的野兽，供你享用。这样陛下的生活有了保证，我们的种类也不致灭绝了。"狮子听了，觉得有现成的东西可吃便同意了。从此，每天中午，按照动物的类别，轮流派一只野兽给狮子享用。

有一天，轮到小白兔去送死。小白兔很不愿意，可又不得不去。于是，它心里琢磨开了："我一定要把这只可恶的狮子杀死。"它想了一会儿，终于有了办法，后来巧妙地杀死了狮子王。

试问，小兔子想的是什么办法呢？

106. 走电失火

一天深夜，一家商店的财会室突然起火。虽然值班会计奋力扑救，仍有部分账册被大火烧毁。警官向浑身透湿的值班会计询问案情。

"前几天，我就发现室内的电线时常爆出火花。今天，我将全部账册翻了出来，堆在外面，准备另换一个安全地方，不料电线走火，引燃账册，酿成了火灾。幸亏隔壁就是卫生间，我迅速放水，把火扑灭，才未酿成大祸。"

"你能肯定是走电失火吗？"警察追问。

"能。我们这里没有抽烟的，又没有能自燃的其他物品和电器。对了，我刚才进来救火时，还闻到了电线被烧后发出的臭味。"

"够了。"警察喝斥道："你是因为担心自己的贪污问题暴露而故意纵火吧？"

试问，这是什么道理呢？

107. 找大队长

"六一"儿童节这天，某校少先队举行游艺活动，邀请侦察英雄李叔叔来讲故事，少先队员们出自对英雄的敬仰和好奇，他们决定要考一考侦察英雄。大队长把自己臂上的标志取下，藏好，要大家谁也不准泄露，随后少先队员们就围坐成一个大圆圈，等待侦察英雄的到来。

当少先队辅导员陪同李叔叔来到游艺大厅时，一位女同学笑盈盈地步入圆圈中心宣布："游艺联欢会现在开始。第一个节目，请李叔叔在3分钟内，'侦察'出谁是我们的少先队大队长。"

李叔叔不慌不忙地来到圆圈中间，朝四处看了一眼。只见100多双好奇的眼睛盯着自己。这些都是十二、三岁的孩子，穿着鲜艳的节日服装，在外表上根本无法作出判断。

李叔叔突然灵机一动，想了一个办法，当即认出了谁是大队长。

你知道他想的是什么办法呢？

108. 橡皮警察

有个汽车运输个体户叫乔二保。一天，他开车经过一个叫七里甸的交检站，被示意停下。交警接过驾驶证，张口就罚100元。乔二保怎么也不明白自己究竟哪里违了章，忍不住嘟哝了一句"鬼门关"，结果驾驶证被扣下，苦苦求情罚了800元才作罢。从此，他一想起七里甸那"鬼门关"，心里就发毛。

这天，乔二保承运一车货物，可偏偏又必须经过"鬼门关"。他心有余悸地盘算了路程，决定利用夜里交警离岗这段时间速往速返。

夜深人静，宽阔的路面上已不见车踪人影。驶近七里甸，乔二保放开胆子，踩大油门正要闯关，猛见前面岗亭旁的路灯下，站着一个全副武装的交警，正在向他招手。乔二保心里一沉，慌忙停车下来，捧着一条黄山牌香烟，战战兢兢地上前请求道："嘿嘿，交警同志辛苦了。一点小、小意思……"可是，那交警对这一条黄山牌香烟不屑一顾，理也不理。乔二保擦了一把冷汗，赶紧伸手从怀里掏出两张"伟人头"一并递上："同志，请抬抬手，给、给个方便……"谁知，任凭他说了一大堆恭维话，那交警还是不动声色。乔二保不知所措地僵了一会，忽然感到面前这个交警有点异样，便疑疑惑惑地抬起头来细看了一眼。这一看，竟使他哑然失笑。原来，面前立着的是个外形逼真的充气橡皮警察。

可是，后来就是这个橡皮警察，却把乔二保抓住了，差一点让他

79

坐了班房。

试问，这是什么道理呢？

109. 骂汉奸

大汉奸汪精卫当了伪国民政府主席。一天，他带着老婆，在伪教育部长和伪杭州市长的陪同下，假惺惺地前往岳王庙进香。当一行人踏上庙前石阶时，一个中年和尚迎面走来，献上一束鲜花。那束花上系着白绸带，上面写着："忍、戌、乍、多"四个字。

汪精卫自以为懂古文，他把这个字谜理解为："忍之为先，戌之在躁，兵不厌诈，贵在多谋。"他高兴地向那僧人还礼，接过了花束。

汪精卫一行人步入大殿后，游过长廊，来到岳墓前。只见那个跪在墓前的卖国贼秦桧的铁像面前，也供着一束同样的花束。花束上也系着一条白绸带，上面端端正正地写着："言、贝、人、父"四个字。多疑的汪精卫一看，终于明白了其中的奥秘。他气急败坏地丢下手中花束，狼狈而出。

你能猜出这两条白绸带上所写的是什么意思吗？

110. 名画被盗

一天夜里，怪盗潜入美术馆，盗走了正在展示的梵高的自画像，顺利逃走。这幅画是该美术馆展出的最名贵的画，价值连城。

然而，美术馆发现这幅画被盗，却是整整两周之后。工作人员真是太粗心大意了。而且，在这两周内，美术馆并未闭过馆，一直照常开放，来参观的人络绎不绝。

试问，为什么这么晚才发现名画被盗呢？

111. 回答

在第二次国共合作的抗日战争初期，周恩来出任国民政府军事委员会政治部中将副部长。当时，政治部每周日要在饭厅举行纪念周活动。在向国民党党旗行三鞠躬时，唯有周恩来始终站立不动，人们都打心眼里崇敬他。

可是有一次，一个国民党特务却不识相，想找点岔子。他见周恩来在纪念周活动时，果然站在那里纹丝不动，以为这下子抓到了"辫子"，便责问他为什么不鞠躬。但当周恩来一回答，那特务碰了个不软不硬的钉子，自知没趣，赶快找个借口，灰溜溜地走了。

试问，你知道周恩来是怎样回答的呢？

112. 向谁敬酒

将军得胜归来，受到了隆重的欢迎。

宴会上，大将军斟满一杯酒，站起来，表示要将这杯酒献给他最尊敬的人。

人们等待着，屏住呼吸，紧盯着将军。大家都在猜想："这杯酒他到底敬给谁？"

一位白发老人含笑不语。他是大将军的老上级，已离休的司令。司令心里想：我慧眼识英雄，在关键时刻把指挥权交给了他，否则，他哪有今天？看来，这杯酒必定敬我无疑了。

将军的夫人激动得涨红了脸。她想：在他还是个小连长的时候，我就认定他必有辉煌的前程，顶住了世俗的偏见毅然嫁给了他。在平时家里的一切事务全是我操劳，军功章上也有我的功劳。看来，这杯酒一定会敬给我。

但是，结果将军并没有把这杯酒敬给他们，而是敬给了另外一个人。

试问，他敬给了谁呢？

113. 写个领条

1945 年，闻一多的关门弟子——伍大希同志（当时是西南大学教师），因组织昆明学生游行示威，被国民党反动派抓入监狱。

1946 年，随着国共和谈的进行，国民党当局不得不释放了一批政治犯。最后，昆明关着的只剩下伍大希等二人，国民党反动派对他们说："现在放你们出去，你们愿意吗？""愿意。""愿意？去请亲戚朋友写个领条，就放你们出去。"伍大希心里琢磨着：这领条写不得，一写就会给敌人留下把柄，为以后再抓提供了条件。于是，他巧妙地说了一句话，使反动派无话可说，只好放了他们。

试问，你知道他是怎么说的吗？

114. 五万里以外

一次，有人家摆出美味佳肴宴请客人。一个星相家也来赴宴，他入座不久，突然捂着嘴笑了。主人家的孩子问他："您笑什么？"

星相家回答道："我在这儿看见五万里以外有座山，山下有条河，一只猴子掉在河里，挺有趣，所以忍不住笑了。"

这孩子知道他吹牛，就想了一个办法，揭穿了他的谎言。

试问，他想的是什么办法呢？

115. 摸黑

晚上，小商人龙格到著名的批发商兼放债人米尼奥家做客。龙格的货物是由米尼奥供应的。两个人聊了一会儿，米尼奥把煤油灯吹灭了，他说："干吗要白白地点煤油啊，摸着黑咱们相互说话也听得见，也明白对方的意思。"龙格知道米尼奥是个吝啬鬼，只是笑笑。他们聊了一阵之后，客人该走了。米尼奥伸手去点灯。

"等一等。"小商人阻止了他，接着说了几句话，使米尼奥自叹不如。

试问，小商人说了些什么话呢？

116. 都不耽误

韶山冲里的许多小朋友都愿和毛润之一块到山上干活：放羊、挖野菜、打猪草，因为毛润之有讲不完的生动有趣的故事。

有一次，大家坐在毛茸茸的草地上，听毛润之讲孙悟空借芭蕉扇的故事，大家听得津津有味。正在这时，一个小朋友突然叫了一声："我的牛跑哪去了？"说着，他跳起来赶忙去寻牛。这时，大家才发觉太阳已经偏西了。

大家都着了慌，因为有的猪草还未打，有的野菜还未挖。有的小朋友急得哭起来，傍晚回家，免不了要挨父母一顿打。

毛润之想：想个什么办法，让大家既能放好牛，打够猪草，挖到野菜，又能在一块做游戏，讲故事，全都不耽误呢？

后来，他果然想到了一个办法，解决了这个问题。

试问，他想的什么办法呢？

117. 指路奥秘

60 年前，一个中国小伙子阿明徒步游历世界。一天，他走到保加利亚。他要去该国首都索非亚。走啊走，他在群山中迷了路，好容易碰上一个牧民，他用刚学会的几句当地语言问道："请问，哪条路通往索非亚？"

那个牧民指着西北方向，连连摇头，阿明想，不能往这儿走。牧民走后，他就向东南方向走去，可是越走越觉得方向不对。他又问路边的老人，说："这条路通向索非亚吗？"老人频频点头。他这才放心，继续往前走。走了半天，发觉方向更加不对了。

天黑了，他来到一所山村学校，敲开门，请求借宿一夜。恰巧校长住在学校里，还懂英语，他说阿明走错了路。

阿明把问路的经过说了一遍，校长哈哈大笑，说："他们并没有指错路。"

试问，这究竟是什么原因呢？

118. 打扑克

王胜打扑克常常通宵达旦。一天，正玩得热火朝天，猛回头见儿子站在一旁，就喝斥道："还不回家学习去。"

儿子乖乖地走了，等王胜回到家，看到他的儿子和几个小孩子也在打扑克。他一把拧住孩子的耳朵："谁叫你打扑克？"

但当孩子回答以后，他却无话可说。

试问，孩子是怎样回答的呢？

119. 世界的智慧

从前有一个人，他想要独占全世界的智慧，做世界上最聪明的人。他想叫每一个人，包括国王和大臣在内，在解决问题时，都不得不向他请教。他想，那样的话，他一定会受到所有人的尊敬。

他出门去搜集智慧。凡是搜集到的，都装在一个葫芦里，然后，用一卷树叶把葫芦口紧紧地塞住。当他觉得已经收集了所有的智慧的时候，便决定把这个葫芦藏到一棵谁也爬不上去的高树顶上。

他来到那棵树下，在葫芦颈上系上一根绳子，把绳子两端打上一个结，然后将这个绳圈套在自己颈上，这么一来葫芦就垂在他的肚子前面了。他试着往树上爬，但是怎么也爬不上去，因为那个葫芦老是妨碍着他。他硬撑硬爬了好一会儿，还是爬不上去。这当儿，他听见有人在他背后笑。他转过头一看，见有个猎人正在瞧着他。

"朋友。"那位猎人说，"要是你想爬到树顶上去，干吗不把那个葫芦挂在后面呢？"一听到这句很平常的劝告，这个人立刻明白了一个十分深刻的道理，改变了原先愚蠢的妄想。

试问，他明白了一个什么道理呢？

120. 如何问问题

有甲、乙两人，其中，甲只说假话，而不说真话；乙则是只说真话，不说假话。但是，他们两个人在回答别人的问题时，只通过点头与摇头来表示，不讲话。有一天，一个人面对两条路：A 与 B，其中一条路是通向京城的，而另一条路是通向一个小村庄的。这时，他面前站着甲与乙两人，但他不知道此人是甲还是乙，也不知道"点头"

是表示"是"还是表示"否"。现在，他必须问一个问题，才可能断定出哪条路通向京城。那么，这个问题应该怎样问？

121. 他们的职业是分别什么

小王、小张、小赵三个人是好朋友，他们中间其中一个人下海经商，一个人考上了重点大学，一个人参军了。此外他们还知道以下条件：小赵的年龄比士兵的大；大学生的年龄比小张小；小王的年龄和大学生的年龄不一样。请推出这三个人中谁是商人？谁是大学生？谁是士兵？

122. 谁做对了

甲、乙、丙三个人在一起做作业，有一道数学题比较难，当他们三个人都把自己的解法说出来以后，甲说："我做错了。"乙说："甲做对了。"丙说："我做错了。"在一旁的丁看到他们的答案并听了她们的意见后说："你们三个人中有一个人做对了，有一个人说对了。"请问，他们三人中到底谁做对了？

123. 鞋子的颜色

小丽买了一双漂亮的鞋子，她的同学都没有见过这双鞋子，于是大家就猜，小红说："你买的鞋不是红色的。"小彩说："你买的鞋子不是黄的就是黑的。"小玲说："你买的鞋子一定是黑色的。"这三个人的看法至少有一种是正确的，至少有一种是错误的。请问，小丽的鞋子到底是什么颜色的？

124. 谁偷吃了水果和小食品

赵女士买了一些水果和小食品准备去看望一个朋友，谁知，这些水果和小食品被他的儿子们偷吃了，但她不知道是哪个儿子。为此，赵女士非常生气，就盘问4个儿子谁偷吃了水果和小食品。老大说道："是老二吃的。"老二说道："是老四偷吃的。"老三说道："反正我没有偷吃。"老四说道："老二在说谎。"这4个儿子中只有一个人说了实话，其他的3个都在撒谎。那么，到底是谁偷吃了这些水果和小食品？

125. 谁在说谎，谁拿走了零钱

姐姐上街买菜回来后，就随手把手里的一些零钱放在了抽屉里，可是，等姐姐下午再去拿钱买菜的时候发现抽屉里的零钱没有了，于是，她就把三个妹妹叫来，问她们是不是拿了抽屉里的零钱，甲说："我拿了，中午去买零食了。"乙说："我看到甲拿了。"丙说："总之，我与乙都没有拿。"这三个人中有一个人在说谎，那么到底谁在说谎？谁把零钱拿走了？

126. 夜明珠在哪里

一个人的夜明珠丢了，于是他开始四处寻找。有一天，他来到了山上，看到有三个小屋，分别为1号、2号、3号。从这三个小屋里分别走出来一个女子，1号屋的女子说："夜明珠不在此屋里。"2号屋的女子说："夜明珠在1号屋内。"3号屋的女子说："夜明珠不在此屋

87

里。"这三个女子，其中只有一个人说了真话，那么，谁说了真话？夜明珠到底在哪个屋里面？

127. 谁的成绩好

　　玲玲和芳芳经常在一起玩，有一次，有人问她们："你们俩经常在一起玩，这次期末考试你们谁的成绩好呀？"玲玲说："我的成绩比较好一点。"芳芳说："我的成绩比较差一些。"她们这两个人之中至少有一个人没有说实话。那么，到底她们谁的考试成绩好？

128. 她们分别买了什么

　　小丽、小玲、小娟三个人一起去商场里买东西。她们都买了各自需要的东西，有帽子、发夹、裙子、手套，而且每个人买的东西还不同。有一个人问她们三个都买了什么，小丽说："小玲买的不是手套，小娟买的不是发夹。"小玲说："小丽买的不是发夹，小娟买的不是裙子。"小娟说："小丽买的不是帽子，小娟买的是裙子。"她们三个人，每个人说的话都是有一半是真的，一半是假的。那么，她们分别买了什么东西？

129. 谁偷了奶酪

　　有四只小老鼠一块出去偷食物（它们都偷食物了），回来时族长问它们都偷了什么食物。老鼠 A 说：我们每个人都偷了奶酪。老鼠 B 说：我只偷了一颗樱桃。老鼠 C 说：我没偷奶酪。老鼠 D 说：有些人没偷奶酪。族长仔细观察了一下，发现它们当中只有一只老鼠说了实话。那么下列的评论正确的是：

    a. 所有老鼠都偷了奶酪；

    b. 所有的老鼠都没有偷奶酪；

    c. 有些老鼠没偷奶酪；

    d. 老鼠 B 偷了一颗樱桃。

130. 一句问路的话

一个人站在岔道口，分别通向 A 国和 B 国，这两个国家的人非常奇怪，A 国的人总是说实话，B 国的人总是说谎话。路口站着一个 A 国人和一个 B 国人：甲和乙，但是不知道他们真正的身份，现在那个人要去 B 国，但不知道应该走哪条路，需要问这两个人，只许问一句。他是怎么判断该走那条路的？

131. 为什么小张是 A 队的

有一天，学校的学生在做游戏，A 队只准说真话、B 队只准说假话；A 队在讲台西边，B 队在讲台东边。这时，叫讲台下的一个学生上来判断一下，从 A、B 两队中选出的一个人——小张，看他是哪个队的。这个学生从 A 或 B 队中任意抽出了一个队员去问小张是在讲台的西边而是东边。这个队员回来说，小张说他在讲台西边。这个学生马上判断出来小张是 A 队的，为什么？

132. 凶手是谁

小阳的妹妹是小蒂和小红，他的女友叫小丽，小丽的哥哥是小刚和小温。他们的职业分别是：

小阳：医生

小刚：医生

小蒂：医生

小温：律师

小红：律师

小丽：律师

这6人中的一个杀了其余5人中的一个。

（1）假如这个凶手和受害者有一定的亲缘关系，那么说明凶手是男性；

（2）假如这个凶手和受害者没有一定的亲缘关系，那么说明凶手是个医生；

（3）假如这个凶手和受害者的职业一样，那么说明受害者是男性；

（4）假如这个凶手和受害者的职业不一样，那么说明受害者是女性；

（5）假如这个凶手和受害者的性别一样，那么说明凶手是个律师；

（6）假如这个凶手和受害者的性别不一样，那么说明受害者是个医生。

根据上面的条件，请问凶手是谁？

提示：根据以个陈述中的假设与结论，判定哪3个陈述组合在一起不会产生矛盾。

133. 小王是怎么算出来的

　　某企业老板在对其员工的思维能力进行测试时出了这样一道题：某大型企业的员工人数在 *1700～1800* 之间，这些员工的人数如果被 *5* 除余 *3*，如果被 *7* 除余 *4*，如果被 *11* 除余 *6*。那么，这个企业到底有多少员工？员工小王略想了一下便说出了答案，请问他是怎么算出来的？

134. 幼儿园里有多少小朋友

　　老师让幼儿园的小朋友排成一排，然后开始发水果。老师分发水果的方法是这样的：从左面第一个人开始，每隔 *2* 人发一个梨；从右边第一个人开始，每隔 *4* 人发一个苹果。如果分发后的结果有 *10* 个小朋友既得到了梨，又得到了苹果，那么这个幼儿园有多少个小朋友？

135. 桌子分别是什么价格

　　一个家具店里有三种桌子，其价格分别如下：
　　（*1*）他们的单价各不相同；
　　（*2*）它们的单价加起来共 *4000* 元；
　　（*3*）第二种桌子比第一种桌子便宜 *400* 元；
　　（*4*）第三种桌子的单价是第二种的 *2* 倍。
　　那么这三种桌子的单价各是多少？

136. 打碎了多少个陶瓷瓶

一个陶瓷公司要给某地送 2000 个陶瓷花瓶，于是就找一个运输公司运陶瓷花瓶。运输协议中是这样规定的：

（1）每个花瓶的运费是 1 元；

（2）如果打碎 1 个，不但不给运费，还要赔偿 5 元。

最后，运输公司共得运费 1760 元。那么，这个运输公司在运送的过程中打碎了多少个陶瓷花瓶？

137. 分苹果

妈妈要把 72 个苹果给分兄弟两人，她的分法是这样的：

（1）第一堆的 2/3 与第二堆的 5/9 分给了哥哥；

（2）两堆苹果余下的共 39 个苹果分给了弟弟。

那么，这两堆苹果分别有多少个呢？

138. 四对双胞胎

在老北京的一个胡同的大杂院里，住着 4 户人家，巧合的是每家都有一对双胞胎女孩。这四对双胞胎中，姐姐分别是 ABCD，妹妹分别是 abcd。一天，一对外国游人夫妇来到这个大杂院里，看到她们 8 个，忍不住问："你们谁和谁是一家的啊？"

B 说："C 的妹妹是 d。"

C 说："D 的妹妹不是 c。"

A 说："B 的妹妹不是 a。"

D 说："他们三个人中只有 d 的姐姐说的是事实。"

如果 D 的话是真话，你能猜出谁和谁是双胞胎吗？

139. 奇怪的两姐妹

有一个人在一个森林里迷路了，他想看一下时间，可是又发现自己没带表。恰好他看到前面有两个小女孩在玩耍，于是他决定过去打听一下。更不幸的是这两个小女孩有一个毛病，姐姐上午说真话，下午就说假话，而妹妹与姐姐恰好相反。但他还是走近去他问她们："你们谁是姐姐？"胖的说："我是。"瘦的也说："我是。"他又问：现在是什么时候？胖的说："上午。""不对"，瘦的说："应该是下午。"这下他迷糊了，到底他们说的话是真是假？

140. 走哪条路

有一个外地人路过一个小镇，此时天色已晚，于是他便去投宿。当他来到一个十字路口时，他知道肯定有一条路是通向宾馆的，可是路口却没有任何标记，只有三个小木牌。第一个木牌上写着：这条路上有宾馆。第二个木牌上写着：这条路上没有宾馆。第三个木牌上写着：那两个木牌有一个写的是事实，另一个是假的。相信我，我的话不会有错。假设你是这个投宿的人，按照第三个木牌的话为依据，你觉得你会找到宾馆吗？如果可以，哪条路上有宾馆？

141. 今天星期几

有一富翁，为了确保自己的人身安全，雇了双胞胎兄弟两个作保镖。兄弟两个确实尽职尽责，为了保证主人的安全，他们做出如下行事准则：

a. 每周一、二、三，哥哥说谎；

b. 每逢四、五、六，弟弟说谎；

c. 其他时间两人都说真话。

一天，富翁的一个朋友急着找富翁，他知道要想找到富翁只能问兄弟俩，并且他也知道兄弟俩个的做事准则，但不知道谁是哥哥，谁是弟弟。另外，如果要知道答案，就必须知道今天是星期几。于是他便问其中的一个人：昨天是谁说谎的日子？结果两人都说：是我说谎的日子。你能猜出今天是星期几吗？

142. 玩扑克

Jack 夫妇请了 Tom 夫妇和 Henrry 夫妇来他们家玩扑克。这种扑克游戏有一种规则，夫妇两个不能一组。Jack 跟 Lily 一组，Tom 的队友是 Henrry 的妻子，Linda 的丈夫和 Sara 一组。那么这三对夫妇分别为：

A. Jack—Sara, Tom—Linda, Henrry—Lily；

B. Jack—Sara, Tom—Lily, Henrry—Linda；

C. Jack—Linda, Tom—Lily, Henrry—Sara；

D. Jack—Lily, Tom—Sara, Henrry—Linda

143. 谁是冠军

电视上正在进行足球世界杯决赛的实况转播，参加决赛的国家有美国、德国、巴西、西班牙、英国、法国六个国家。足球迷的李锋、韩克、张乐对谁会获得此次世界杯的冠军进行了一番讨论：韩克认为，冠军不是美国就是德国；张乐坚定的认为冠军决不是巴西；李锋则认为，西班牙和法国都不可能取得冠军。比赛结束后，三人发现他们中只有一个人的看法是对的。那么哪个国家获得了冠军？

144. 甲是哪个部落的人

有一个人到墨西哥探险，当他来到一片森林时，他彻底迷路了，即使他拿着地图也不知道该往哪走，因为地图上根本就没有标记出这一地区。无奈，他只好向当地的土著请求帮助。但是他想起来在曾有同事提醒他：这个地区有两个部落，而这两个部落的人说话却是相反的，即 A 部落的人说真话，B 部落的人说假话。恰在这时，他遇到了一个懂英语的当地的土著甲，他问他："你是哪个部落的人？"甲回答："A 部落。"于是他相信了他。但在途中，他们又遇到了土著乙，他就请甲去问乙是哪个部落的。甲回来说："他说他是 A 部落的。"忽然间这个人想起来同事的提醒，于是他奇怪了，甲到底是哪个部落的人，A 还是 B？

145. 猜城市

对地理非常感兴趣的几个同学聚在一起研究地图。其中的一个同学在地图上标上了标号 A、B、C、D、E，让其他的同学说出他所标的地方都是哪些城市。甲说：B 是陕西，E 是甘肃；乙说：B 是湖北，D 是山东；丙说：A 是山东，E 是吉林；丁说：C 是湖北，D 是吉林；戊说：B 是甘肃，C 是陕西。这五个人每人只答对了一个省，并且每个编号只有一个人答对。你知道 ABCDE 分别是哪几个省吗？

146. 各有多少人民币

爸爸为了考考儿子的智力，给儿子出了道题。爸爸说："我手里有 1 元、2 元、5 元的人民币共 60 张，总值是 200 元，并且 1 元面值的人民币比 2 元的人民币多 4 张。儿子，给爸爸算算这三种面值的人民币各有多少张？"儿子眨了眨眼睛，摸摸脑袋，也不知道怎么算。你能算出来吗？

147. 哪个正确

在一次地理考试结束后，有五个同学看了看彼此五个选择题的答案，其中：

同学甲：第三题是 A，第二题是 C。

同学乙：第四题是 D，第二题是 E。

同学丙：第一题是 D，第五题是 B。

同学丁：第四题是 B，第三题是 E。

同学戊：第二题是 A，第五题是 C。

结果他们各答对了一个答案。根据这个条件猜猜哪个选项正确。

a. 第一题是 D，第二题是 A；

b. 第二题是 E，第三题是 B；

c. 第三题是 A，第四题是 B；

d. 第四题是 C，第五题是 B。

148. 从轻到重排体重

小红、小兰、小飞、小玲 4 个人是好朋友。有一天，他们一起去商场，在街上看到一个称体重的。于是他们纷纷去称体重，最后的结果是：小红比小飞重，小红加小兰和小飞加小玲相等，小兰一个人比小红加小飞两个人还要重。那么，请问他们从轻到重应该怎样排列？

149. 车站老大难问题

有一个外国人坐火车从郑州到北京去旅行。他在石家庄站停了下来，看了一下时刻表，知道起点与终点站之间，由北京开向郑州的车是每隔 20 分钟一趟，而由郑州开向北京的车则是每隔 30 分钟一趟。这条线上没有别的支线，也没有快车或货车通过。这个外国人觉得，好像不管有多少车辆，最后都会全部堆在郑州站上。可实际上并不是这样，外国人怎么也弄不明白，你们知道是什么原因吗？

150. 永远超前的东西

推销员小黄为了推销产品，他大肆渲染，他向人们宣传道："我的产品永远走在别人的前面，走在世界的前面。"人们听了都认为小黄的产品质量有问题。不论小黄怎么大力宣传，他的产品就是卖不出去，小黄总是埋怨人们不了解他的产品。小黄没有销售业绩，因而被炒了鱿鱼，他感到非常冤枉，整天垂头丧气。

请问，这个小黄推销的是什么产品呢？

151. 两副手套变三副

在战争岁月，3名战士受伤急需抢救，可手术箱里只有两副消过毒的手套。医务人员感到非常为难，如果只给两位伤员做手术，另一个伤员得等到战斗结束后才能送到后方医院去，但拖延时间伤员就有生命危险。最后，医生想了一个办法，解决了这个难题。

你知道医生的办法吗？

152. 真的把骨头都吃光了吗

小红与几个哥们是酒肉朋友。有一天，几个哥们邀请小红下馆子，一顿大吃大喝之后，却没人愿意掏钱。那几个哥们使了一下眼色，都把餐桌的骨头全堆到小红跟前，并指着那堆骨头对小红笑道："你们瞧，小红吃得最多！"几个哥们于是起哄让小红请客。

这时，小红油腔滑调地说了一句话，使得那几个哥们非常难堪，不得不掏钱。请问：小红说了一句什么呢？

153. 谁是少先队大队长

景山小学少先队举行联欢活动，邀请智勇双全的神探王科长讲有关侦察破案的故事。少先队辅导员陪同王科长来到后，团队小组长对王科长和少先队员们说："请王科长辨认一下谁是我们的少先队大队长。"

王科长对于同学们的"将军"并没有感到慌张，他看见那么多双眼睛亮闪闪地看着自己，从外表是很难作出判断的。但王科长灵机一动，只说了一句简单的话，当即就认出了谁是大队长。

你知道王科长说了一句什么话吗?

154. 怎样找猪娃娃

猪妈妈带着它的猪娃娃到外婆家，它们要经过一条小河，猪妈妈叫一个大猪娃娃做小队长，排队点数。猪队长从前数到后，又从后数到前，不论怎样都少了一只小猪。猪妈妈又叫一只最小的小猪来点数，数来数去还是少一只小猪。猪妈妈以为走丢了一只小猪，难过地哭了起来，还带领小猪们往回走，分散四处寻找。

你能帮猪妈妈找到走失的猪娃娃吗?

155. 指头是多少

有一天，老师考朱朱一个问题说："人的手有 *10* 根手指头，那么 *10* 只手有多少个手指头呢?"朱朱觉得太简单了，随口回答道："不就是 100 根吗？这还用得着考虑。"老师笑了笑说："再想一想。"朱朱仔细一想，觉得自己太粗心大意了，他及时回答了老师。

请问，你能迅速回答出这个问题吗？

156. 被踢的礼物

小兵过生日，他的每个朋友都送他一件精美的礼物，每样礼物他都爱不释手，一声声地道谢。最后，小军拿出他的礼物，小兵一看就使劲踢了一脚，把礼物踢得远远的。难道小兵不愿接受小军的礼物，还是有其他原因呢？

157. 专长是什么

冬天的早晨，浓雾笼罩着大街小巷，到处都是朦朦胧胧，简直分不清方向，路灯和车灯也不起作用，人们都摸索着行走。

张叔叔夹着一个公文包，匆匆忙忙地赶去一个地方开会，但是迷了路，他东瞧瞧西望望地寻找道路，不幸撞倒了一个人。这人一点都没有生气，反而向张叔叔说对不起，还问张叔叔需不需要帮忙，张叔叔只好说自己迷了路。

那个人拉着张叔叔，走了许多条街道和小巷，张叔叔终于到达了目的地。张叔叔向那人道谢时，那人却说："没什么，给人领路是我的专长。"

这是怎么一回事呢？

158. 树上有多少个苹果

　　在一大片树林中有一棵苹果树，苹果树上结了一个红色的苹果，红红的大苹果映着阳光，的确让人眼馋。

　　有一群猴子来到树林里，它们一边走一边寻找食物。走在最前边的那只猴子突然发现树上的大红苹果，突然蹿上树去。其余的猴子也发现了大红苹果，一个个馋得直流口水，纷纷往树上爬，去争夺那只红苹果。请问，树上有几个苹果、几只猴子？

159. 还剩几个梨子

　　妈妈买了一篮梨子，吃了之后剩下 7 个梨子放在篮子里，篮子放在桌子上，妈妈去上班了。妈妈走了一会儿，能能想吃梨子，但他够不着，就站在小板凳上踮着脚尖去拉篮子。结果把篮子拉翻了，篮子里的梨子全倒了出来，有 4 个梨在桌上，有一个不知滚到哪里去了，能能到处都找不着。能能只好把桌上的梨拾进篮子里。有一个梨不见了，能能虽然怕妈妈回来责备，但管不住自己的馋嘴，就啃吃了一个梨。请问，篮子里还剩下几个梨？

160. 画圆又画方

　　灵灵在做作业时，总想看动画片，眼睛痒痒的，趁爸爸妈妈不注意，就偷偷地瞄电视。

　　有一天晚上做作业时，灵灵又偷偷地瞄电视，爸爸看见了批评说：

"做事要一心一意，决不能一心二用。假如用右手画一个圆，用左手圆一个正方形，那么两样都画不好！"灵灵眨眨眼睛调皮地说能够画好，立即就开始画。他不仅画好了圆，也画好了正方形，爸爸都愣住了。请问他是怎么画的？

161. 数数窗格

兵兵家的窗户是用木条做成的，木条分成很多格子，每一格都是同样大小的正方形。兵兵每天都望着他家的窗户数着方形格子，但数来数去怎么也数不清。你能把兵兵家的窗户格子数清吗？当然不论大小，一个也不要漏掉，看看到底有多少。

162. 假千里眼的谎言

小明的奶奶一直相信封建迷信，她请来一个阴阳先生看风水。奶奶用好酒好菜招待阴阳先生。阴阳先生入座后，做出神秘的样子，突然捂着嘴笑。小明问阴阳先生笑什么，阴阳先生神秘兮兮地说："我是千里眼，我在这儿看见了5万里以外有条河，河里有两只猴子赤裸裸地在洗澡，两只猴子都露出红屁股羞对方，我觉得很有趣，于是就忍不住笑了。"

小明不相信阴阳先生的一派胡言，他想了一个办法，揭穿了阴阳先生的谎言。

试问，小明想的是什么办法？

163. 辞退的是谁

有位狡猾的老板，他想辞退一个雇员。他叫雇员洪叔叔去买西瓜，他说："你一出门往西走，第一座桥那里就有卖西瓜的。"可是，洪叔叔在第一座桥那里并没有买到西瓜，只好空着手回来。老板又叫雇员陈叔叔去买西瓜，在第一座桥那里没买到西瓜，但他到别的地方将西瓜买回来了。老板没说什么。请你猜一猜，老板最后辞掉的是谁，为什么？

164. 谁也不愿买的房子

有一位很有名的画家，在他未出名之前，租了一间房子作画室。房子的主人却想把这个还未出名的画家赶走，把房子卖掉。画家非常生气，想出一个主意，使得房东卖不出他的房子。很多买主看过房子后，都摇头说房子没有用了，房子卖不出去，画家就能安安心心地住着画画，一直到他出名。

请问：这个画家想的是什么办法呢？

165. 不负责的车辆

高速公路上发生了一起车祸，出现了严重的伤亡情况。警车、救护车赶到时，司机已经奄奄一息，而车上另一个人已经死亡。司机却说这个人死于肺癌。司机好似在诡辩，在为自己推卸责任，可是警察却承认这一事实。请问：这到底是什么原因呢？

166. 龟兔再次赛跑

我们都知道，乌龟和兔子第一次赛跑，由于兔子骄傲自满，在中途睡大觉，结果让乌龟跑赢了。兔子感到不服，要求再次与乌龟比赛，乌龟只好应战。这次赛跑，终点是在山下。乌龟知道再也没有第一次比赛那样的好事了，兔子一定会聪明起来，它得想一个办法再次取胜。这次赛跑是顺风，兔子认为真是天助它，一声口令，兔子就往前冲去，当它气喘吁吁跑到终点时，看见乌龟在那里睡着了。乌龟醒过来说："你才跑来呀？"兔子自知又失败了，气得直跺脚，从此，兔子就养成了跺脚的习惯。

请问：乌龟怎么会跑到前面去呢？

167. 越洗越脏的东西

小花已经5岁了，可是仍十分爱玩，总是把小手、小脸甚至全身都弄得脏兮兮的。妈妈叫她去洗，她还问妈妈为什么要洗、洗了又怎么样等问题。妈妈回答后又问她："什么东西越洗越脏？"这下可把小花难住了。小花总爱问别人为什么，这次轮到她回答问题时，却回答不上来。

你能帮小花回答这个问题吗？

168. 一共打了多少猎物

小军的爸爸和叔叔十分喜欢打猎，小军总是跟随爸爸出猎，每次都满载而归，小军真有一种凯旋的感觉。

上个星期，小军的爸爸又到山里打猎，他没有跟爸爸一同前去，好不容易盼回爸爸，小军兴冲冲地问爸爸打了些什么东西。

爸爸笑着说："我打了9只没尾巴的山鸡，6只没头的兔子，叔叔打了8只半个身子的豹子，你看我们一共打了多少猎物？"

小军挠着头一时想不起来，他搞不明白爸爸到底打了些什么猎物。你知道小军的爸爸和叔叔打了些什么东西吗？

169. 小鸟放在瓶里

兰兰总是拿着家里的秤玩来玩去，不停地问这问那，总要妈妈称她，看每天能长多少斤。有一天，妈妈手里捧着一只长玻璃瓶，对兰兰说："你想一想，有一只鸟放在这只瓶子里，现在妈妈把这瓶子放到秤上称，小鸟却在瓶里飞，称的重量会有变化吗？"兰兰一时回答不上来。请你帮兰兰想一想。

170. 包公巧判羊

有两户人家，都养了许多羊。有一天，这两户人家都丢失了一只羊，后来找到了一只，这两户人家都说是自己的，于是就告到包公那里，请包公评判。

包公听两家对羊的描述都差不多，与羊的形象都相符合，单从两家的话来判断，的确非常困难。最后，包公想了一个简单的办法就使这只羊物归原主了。

你知道包公用的是什么办法吗？

171. 平安度过飞行灾难

机长和副机长驾驶着飞机从洛杉矶飞往华盛顿。飞行中途，副机长打开驾驶舱门出去方便，随手把门关上了，他方便后回来只好敲门。机长正全神贯注地驾驶飞机，听见敲门声便来开门，他以为副机长还在驾驶舱里，这是别人在敲，一定有什么急事。于是他打开门走出来，随手将门重重关上，生怕外人闯入驾驶舱。两个驾驶员都意想不到地被锁在驾驶室外面了。飞机处于无人驾驶的状态，情况非常危险，他们的种种努力都没能将门打开。后来，飞机还是平安无事地降落了。你知道是什么原因吗？

172. 奇怪的猜成语

初一（3）班举行文娱晚会，在"猜谜语"的节目中，同学们都踊跃参加。只剩下最后一个谜语了，是3张没有写字的白纸条。主持人说："这3张白纸条，是一句成语，看谁能够猜中？"

同学们立刻冥苦思想起来，可是谁也没答上来。过了一会儿，有位同学突然走上去，伸手撕下这3张白纸条，转身走到领奖处。主持人说："他猜中了。"

请问，这个同学猜的是哪一条成语呢？

173. 并不复杂的关系

一位警察戴着大盖帽，牵着一个小孩在人行道上行走。有一个人以为警察是在送一位走失的孩子回家，就好奇地问警察："这是你的孩子吗？"

"是的。"警察回答到。这个人还以为警察说的是假话，便笑着问小孩："这位警察是你的爸爸吗？"

孩子天真而又一本正经地回答："不是。"

这个人认为警察说了假话，其实警察和小孩说的都是真话。

警察和小孩到底是什么关系？

174. 完成导游任务

小张在北京一个旅游公司当导游，她工作勤奋，一次又一次很好地完成了任务。去年她为一个旅游团体当导游，这个旅游团体由来自许多地方的人员组成，非常复杂。小张除懂得一门西班牙手语以外，其他什么外语都不会。可奇怪的是，小张顺利地完成了导游任务，她能与每一个旅游成员很好地对话与交流，这到底是为什么？

175. 公兔有多少

在一个野地里有 10 只兔子，其中有公有母，公兔爱说假话，母兔爱说真话。一天，1 只百灵鸟飞来与它们聊天。百灵鸟问这些兔子："你们这里一共有几只公兔呀？"第一只兔子说："有 1 只公兔。"第二只兔子说："有 2 只公兔。"第 3 只兔子说："有 3 只公兔子。"以此类推，第十只兔子说："有 10 只公兔。"请问一共有多少只公兔？

176. 是司机还是乘客

有一天，高速公路上发生了一起交通事故，一辆大客车翻车了。这起交通事故引起新闻媒体的关注，两家报纸大肆渲染，引起很大的轰动。但也让很多人感到非常奇怪，因为一家报纸：司机及服务人员全部遇难，只有 1 名乘客得救。另一家报纸说：太悲惨了，只有驾驶员幸免一死。两家报纸说的都是事实。这到底为什么呢？

177. 晚到变成早到

从前，一位国王有两个聪明能干的儿子，国王年纪已经大了，想把皇位传给儿子，但不知道传给谁才好。宰相出了一个主意，让两个皇子骑上自己的马跑向一座城堡，谁的马跑得慢就将皇位传给谁。于是，两个皇子各自骑上自己的马匹，慢悠悠地向城堡走去，心里都想早日接过皇位。

两位皇子在路上碰到一位老者，老者得知缘故后，向两个皇子点拨了几句，只见两位皇子立即快马加鞭，疾驰而去。

你知道老者出的是什么主意吗？

178. 巧算车牌号码

小王的自行车晚上被小偷偷走了，他到派出所报案。派出所同志询问他车牌号码时，他却记不清号码是多少了，只知道车牌号码的 4 个数字中没有零，各不相同，而且百位数比十位数大，千位数比个位数大 2。如果把号码从右往左读，再加上原来的车牌号码，等于 16456。

你知道小王的车牌号码是多少吗？

179. 酒鬼的鬼点子

有个酒鬼在酒店里喝酒经常赊欠，老板感到非常讨厌。一天，他又来到这家酒店想喝酒，老板看他来了，一脸的不高兴，但又无可奈何。老板想了一个馊主意想刁难一下这个酒鬼，于是说："你想喝酒必须从 4 米多高的竹竿上，把装满好酒的酒瓶取下来，但是不准用梯子，也不许把竹竿砍断或者放倒。"这根竹子非常细，根本不可能爬。酒鬼一听傻眼了，但他还是想出了一个鬼主意，非常顺利地从高高的竹竿上取下了酒瓶。

请问：这个酒鬼用的是什么办法呢？

180. 一个"屁"放掉了

从前，有一个人非常聪明滑稽，善于谐谑取笑。一天，他到城里东游西荡，不料闯入了官府禁地，被巡逻的官兵捉住了，要处罚他，他连忙跪地求饶。官兵说："听说你善于说笑话，现在限你只说一个字，若能够使我发笑，我就放你。"

这人想了一下，就说了一个字，果真引得那巡逻的官兵哈哈大笑，并把这人给放了。

这人说了一个什么字？

181. 一声叫喊的代价

小叶在商店里买东西，突然有一位老奶奶把她仔细地打量了一番，然后动情地说："你太像我的女儿了，可是我的女儿……唉，我真想念她，你能不能对我说一声'妈妈，再见'？"小叶看了看老奶奶，觉得她很可怜，便说了声："好的！妈妈，再见。""唉，我的孩子，再见。"老奶奶大声说着走了。小叶买好东西刚要走，营业员叫住了他，对她说了一句话，把小叶气得直跺脚。

请问：营业员说了一句什么话？

182. 千军万马是多少

绘画课上，老师布置了一道题，要求学生以千军万马为内容作一幅画。大部分学生都在纸上密密麻麻地画了许多士兵和马匹，但老师看了都不满意。

小灵画完了，老师一看非常惊喜，称赞小灵是一位可造之才。可画上连一兵一卒都没有，只有一个马头，这怎么算是"千军万马"图呢？老师为什么赞不绝口呢？

183. 想吃鱼的说法

朱朱非常嘴馋，常常缠着爸爸要吃的。有一天，朱朱与爸爸上街经过一个餐馆时，又向爸爸要吃的。爸爸就把朱朱带到餐馆里，指着餐桌上的美味佳肴说："盘子里这条炸鱼，如果你猜得出是什么鱼，就买给你吃，用什么手段都可以，不过，不许问鱼的名字。"朱朱猜不出是什么鱼。但他说了一句话，爸爸不得不买鱼给他吃。请问，朱朱说的是什么话？

184. 什么是谎言

心理学教授给学生们上课时说："今天，我准备给大家讲'什么是谎言'。有关谎言的问题，我已经在我的一本学术著作《论谎言》中作了详细的介绍。你们谁读过我的这本著作，请举起手来。"

所有的学生都举起了手。

"很好。"教授接着说："对于'什么是谎言'，我们大家都有了切身的体会。"

试问，这位教授为什么这样说呢？

185. 巧带钢坯

张工程师到外国去考察，发现了一种钢坯，正是国内一种设备上需要的，于是他买下了钢坯准备带回国内。当他购买返程机票时，发现这个国家对乘客规定随身所带的货物，长宽高都不准超过 1 米。而这根钢坯虽然直径只有 2 厘米，但长度却达 1.7 米，该怎么办呢？张工程师终于想出了一个绝妙的办法。第二天，钢坯果然被巧妙地带上了飞机，既没有截断钢坯，又没有违反规定。你知道张工程师用了什么样的办法吗？

186. 机智探长识破谎言

在星期一的早晨，列车的厕所里发生了一桩抢劫凶杀案。探长当即赶到现场，检查车厢后判断凶手还在车内。探长看见一个看报的人好像看得非常仔细，就问他："你刚才是在这儿看报纸吗？""是的，我在看今天《早报》上的周末游艺宫，这条谜语可真难猜啊！"探长便说："别装相了，你就是凶手。"请问：探长为什么这么说？

187. 吹牛人的尴尬

有个人非常喜欢吹牛，这天他见街上围了一大群人，不知道发生了什么事情。这个人十分喜欢看热闹，但他又挤不进人圈里，就问人们发生了什么事情，人们说发生了交通事故。这个人为了挤进人群，不加思索地大声喊道：

"我是伤者的家属，快让开，让我进去！"

大家赶快让开一条道路让这人进去。那人挤进去一看，不由尴尬得满脸通红。

猜猜看，这个爱吹牛的人怎么会脸红呢？

188. 小坛装大坛

从前，有一个狡猾的地主，他请了一个老实的长工。这个长工辛辛苦苦地为他劳累了一年，到了年终长工收工钱时，地主却出了一个难题，叫长工把大坛子装到小坛子里。这个老实的长工没有办法，结果这个长工白白劳累了一年。

第二年，这个长工的弟弟又给地主干了一年，到了年终收工钱时，地主又出了同样的难题。弟弟稍稍思考了一下，很简单地解决了难题。

请问：弟弟是怎样解决难题的？

189. 不用钱买酒

有一个吝啬鬼，有一个佣人，他想方设法盘剥这个佣人。有一天，吝啬鬼把一个空瓶给佣人，叫佣人去打酒，却不给一分钱。佣人向吝啬鬼说道："老爷，你不给钱我怎么能够买回酒呢？"

吝啬鬼气冲冲地说："用钱买酒任何人都买得回来，不用钱却买回酒，那才叫有本事啊！"

吝啬鬼见是空瓶子，于是就怒吼道："真是戏弄我，空空的酒瓶，我能喝什么？"

佣人笑了，随口说了一句话，吝啬鬼哑口无言。

请问：佣人说的是什么话？

190. 孙膑妙计赢赛马

战国时期，齐国大将田忌经常与齐威王赛马，但常常输给齐威王。

那时，孙膑正做田忌的幕僚，他对田忌献计说："我看将军的马整体都比大王的马差，当然要输的。马分上、中、下三等，可以采用一个办法，保证能够三比二胜。"

于是，田忌采用了孙膑的办法。当再次与齐威王挑战时，果然以三比二获得了胜利。

请问：孙膑采用的是什么办法？

191. 水池共有几桶水

从前，一个国王听说有个孩子非常聪明，就想见识见识他。大臣们把这个聪明孩子找来，国王就问他："王宫前面有个小水池，你说里面共有几桶水？"

这个孩子眨了眨眼，立即回答出来。国王听后，被孩子的聪明才智折服了，于是把他接进王宫进行专门培养，希望孩子长大后为国家贡献聪明才智。

请问：这个孩子是怎样回答国王的？

192. 谁干了坏事

小张、小陈、小黄被称为"小天霸"，他们结成一个小团体，常常捣乱。有一天，他们因上学迟到受到教师批评，他们却说教室里面的挂钟走快了，老师说挂钟没有出问题。老师这么说，3 个"小天霸"就想让挂钟出点问题，趁老师不在时，把挂钟拧快了 10 多分钟。同学们揭发了他们，老师又批评他们时，他们分别说出了下面的话：

小张说："我没干，小陈也没干。"

小陈说："我没干，小黄也没干。"

小黄说："我没干，不知谁干的。"

他们 3 人的讲话中，有 1 句是真话、1 句是假话。你能推断出是谁把挂钟拧快的吗？

193. 小狗跑了多远

　　爸爸带着明明和小狗到公园去溜达，明明与小狗蹦蹦跳跳地跑在前面，过了 10 秒钟后爸爸才出门。爸爸刚出门，小狗回头看见了，就向爸爸跑来亲了一下爸爸的脚，又向明明跑去，跑去亲一下明明后又向爸爸跑来，小狗在爸爸与明明之间来来回回地跑着。假设小狗的速度为 5 米/秒，爸爸的速度为 2 米/秒，明明的速度为 1 米/秒。当爸爸追上明明时，小狗一共跑了多少路程？

194. 海瑞智审窃贼

　　明代年间，有一个盗贼行窃后逃之夭夭。在逃跑时被一个过路人抓住了，窃贼就与这个人扭打起来，反说过路人是窃贼。被盗的人家在黑夜也难以辨别谁是盗贼。三方人员去找清官海瑞审判。海瑞看不出谁是盗贼，于是，他想了一个办法，让窃贼与过路人进行赛跑，由官府出发，看谁先出城门。待两人又回到官府后，海瑞严肃地一拍惊堂木，对后到城门者说："大胆狂徒，还不快快从实招来。"盗贼心虚，只好认罪。

　　请问：海瑞为什么认定后到城门者为盗贼？

195. 三岔路口找方向

　　赵老师带着初一（2）班的同学准备从 B 地出发到 A 地去春游。走到一个三岔路口时，他们发现标着 A、B、C 三地的路牌被人推倒

115

了，横七竖八倒在路边。赵老师和同学们都不熟悉道路，只好等待过路人询问。然而，这里很少有人路过。正在这危难时刻，一位叫刘聪的同学突然说："我知道路牌指引的方向了。"

请问：他是怎样知道的？

196. 五颜六色请判断

有一位顾客，到一个服装店想买一套颜色称心如意的服装。服务员热情地问他想买什么颜色的服装。这位顾客挑来拣去后对服务员说：

"白色不如红色使人有兴趣，

蓝色不像绿色那样反感，

蓝色跟白色比较就宁可要白色，

红色不如黑色使人喜欢。"

这位顾客说完，服务员就拿出一套衣服，十分符合顾客的心意。

请问：这位顾客到底喜欢哪种颜色？

197. 哪一个考得最好

甲、乙、丙、丁4位同学，他们一起参加了数学智力竞赛。赛后，一位老师问他们竞赛情况怎样，4位同学分别作了回答。

甲说："我考得最好。"

乙说："我不是最差的。"

丙说："我没有甲好，但不是最差的。"

丁说："我考得最差。"

4位同学中，实际上只有一个人说得不对。根据他们的回答，能把他们竞赛的成绩由高到低排列出来吗？

198. 巧打标点符号

从前，有一位非常穷困的书生，他到亲戚家去借钱，却碰上了连阴雨，没法回家，只好在亲戚家暂住。亲戚想赶他走，就在大门上写下："下雨天留客天留我不留。"亲戚的本意是：下雨天留客，天留我不留。但没打标点符号。穷书生见了，心中窃喜，就用手指沾口水，在墨字上按了按，加上了标点。这位亲戚看了有口难言，心里面也非常佩服穷书生的文才，就把穷书生留下了。

请问：这位穷书生是怎样标标点的？

199. 奇瓶的容积

在一次试验课上，老师拿着一个奇形的瓶，他要求同学们以最快的速度算出这个瓶子的容积。同学们都争着为瓶子测量周长、直径等，忙忙碌碌地演算起来。小聪却拿起这个奇怪的瓶子，他并没有用笔演算，就得出了这个瓶子非常精确的容积，他的方法令老师和同学们大为惊讶。

请问：小聪用的是什么方法？

200. 哪里来的一个男孩

有一次，意大利的黑手党为了勒索钱财，绑架了一家公司的董事长，并把这位董事长单独关在地牢里，与外界隔绝。

第二天早晨，地牢里出现了一个男孩。这真是奇怪，地牢的入口只有一处，而且戒备森严，没有从其他地方进入的可能。这个多出的男孩，却成了这些绑架者要挟董事长的主要人质，董事长不得不答应绑架者的无理要求。请问：这个男孩是怎么进入地牢的？

201. 谁做的好事

小张、小王、小黄、小新 4 个小学生，在上学时做了一件好事，老师知道后，问他们是谁做的好事，小张说："是小黄做的好事。"小黄说："小张说得不对。"小王说自己没做好事，而小新却说是小张做的好事。

老师对他们做好事不愿留名的做法十分赞赏，但他知道只有一个同学说的是真话。请问究竟谁说的是真话？又是谁做的好事？

202. 10 元纸币遮住大镜子

同学过生日，红红想送点礼物，向爸爸要 10 元钱。

爸爸随手摸出一张 10 元的纸币，用手举着对红红说："你先回答我一个问题：能不能用这张纸币，遮住那面大梳妆镜，让我看不到它呢？"

红红拿过钱，只用了一个非常简单的办法，就让爸爸看不到那面大镜子了。

你知道红红是怎样把镜子遮住的吗？

203. 错在哪里

小明在路上遇到一个喃喃自语的人，那人摇头晃脑地吟着诗句：

"天边，弯弯的月儿放光明，

光明的月儿好像银色的拱门。

拱门中，一颗孤独的星星在发亮，

好像夜行人手里提着的灯。"

小明问那人道："你叽叽咕咕地说些什么呀？"那人却骄傲地说："我吟的是描写农历月初夜景的美丽诗句，你小孩子哪里懂得。"小明眨眨眼却说："我懂，你这诗句里有错误。"说着，小明把诗中两处错误指了出来，那个诗人再也不敢骄傲了。

204. 有多少本书

放假后，小凡整理自己的小书架。他发现自己 500 册藏书中，已有 5 本书损坏了。另外，他的借书登记本写着：小明借去 4 本，小刚借去 6 本，这些都没有还，还有 2 本书前几天被小妹妹弄丢了。

小凡刚整理完时，他的同学来了。他问小凡："你还有多少本书呢？"

你猜小凡是怎样回答的？

205. 怎样离开冰层

几天冷冻，一场大雪，山川银妆素裹，十分美丽。小明来到小河

119

边玩耍，小河已结了厚厚一层冰。他在玩小河边树上的一根冰时，突然失足摔在冰面上，滑到在小河的中间。幸好小河结了厚厚一层冰，真危险啊！冰面非常滑，小明既不能爬动，又无法翻身，要想离开冰面回到小河岸上确实非常困难。最后，小明想了一个办法，毫不费力地回到了小河岸上。请问，小明想的是什么办法？

206. 尸体在哪里

　　威尔与侄子一起到非洲猎狮，几个星期过去了，没有威尔的一点消息，他的妻子在家十分焦急。

　　又过了几天，威尔的妻子收到了一封侄子的电报："威尔猎狮身亡。"威尔的妻子痛不欲生，立即给侄儿发电报："请将威尔尸体运回。"

　　过了3天，一辆搭着篷布的车开到威尔家，说是威尔的尸体运回来了。威尔的妻子嚎哭着揭开篷布向丈夫尸体扑去时，看见一具面露凶相的死狮，没有看见威尔的尸体。这到底是怎么一回事呢？

207. 农民有苦难言

　　有一位农民，他有一块很大的西瓜田，他怕别人偷西瓜，就在田边立了一块牌子，并写了一行字。

　　有一天，一个过路人看了牌子后，摘了两个大西瓜抱着就走。

　　农民说："站住，偷了我的西瓜就想走，回来看看我立的牌子上写的什么！"

　　过路人说："我看过了，我还没有找你要钱呢！"农民果真有口难言。

你能猜出摘瓜人说话的道理吗？

208. 两个数字的意思

几何考试评完分后，张老师气愤地走上讲台，将一大叠试卷重重地掷在桌子，神色严肃地说："这次几何考试，大家考得太差了，只有 3 名同学及格。"

同学们都感到了问题的严重性，教室里顿时安静下来。

张老师说："我告诉大家，干任何事情都很不容易。我送你们两句话。"张老师说着在黑板上写下了"1111"和"1001"两个数字，却不是两句话。同学们都不知道什么意思。你知道是什么意思吗？

209. 能否摘到椰子

王伯伯、李叔叔和张阿姨乘船去探险，他们来到一座荒岛上。随身带的干粮吃完了。荒岛上只有椰子可以吃，可是椰子树很高。王伯伯说："我脚疼，爬不了树，你们爬吧。"张阿姨说："我不会爬树，李叔叔爬上树去摘椰子吧。"李叔叔皱着眉说："我能爬树，但是只要从高处往下看，就会头晕目眩。"

如果吃不到椰子，就只有死路一条。3 个人苦想了一会，张阿姨突然叫起来："有办法了！"

你知道她的办法是什么吗？

210. 题目出错了吗

　　胖胖的江老师喜欢出思考题，一次她出了这样一道题："射手向靶子射了 5 支箭，成绩是 37 环。请问这 37 环是怎样射得的？"

　　同学们赶紧去算。算了一会儿，只听到小玲玲举手说："老师，这道题是不是出错了？"小冬冬则说："是不是少了条件？"

　　江老师笑着说："题目一点都不错！请大家再好好想想。"

　　既然题目没错，那么这个射手是怎样射的呢？

211. 一枪打倒 4 个啤酒瓶

　　独眼龙、神枪张三和"三只眼"3 个人是好朋友，又都是酒鬼。

　　一天，3 个人到皇家啤酒城去喝啤酒。服务员端了 4 瓶啤酒在桌上。独眼龙说："哥们比枪法打个赌，谁不行谁付酒钱。我只要 3 发子弹就能把瓶子全部打倒。"

　　神枪张三说："我只需要两发子弹就可以把瓶子全部打倒。"

　　"三只眼"说："看来啤酒钱是你们付定了。我只需一发子弹就够了！"

　　独眼龙和神枪手张三听了都不相信。你知道"三只眼"是如何射的吗？

212. 怎样配对对

　　3 个小伙子李文、王学、张东就要和 3 个姑娘袁春、于花、刘玉

122

结婚了。小光最爱去打听别人的事了。他去问新郎新娘，到底是哪一个和哪一个相配。李文告诉他："我娶的是袁春姑娘。"小光去问袁春，袁春说："我嫁的是张东。"他又去问张东，张东告诉他："我要和刘玉结婚。"弄得小光莫名其妙，直到婚礼举行完之后，小光才知道，原来3个人说的都不是真话。

你知道哪一个姑娘嫁给哪一个小伙子吗？

213. 爸爸妈妈为什么

最近南南脸上总是一点笑容也没有，因为他爸爸和妈妈老是闹别扭，他妈妈想要离婚。妈妈想离婚后让南南跟她过，就对他说："南南，你爸爸每一件事都要和我顶嘴，提出完全相反的意见，我说东，他说西，我不能再忍受了，我要离婚，离了婚你就跟妈妈过。"

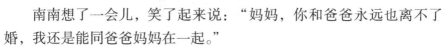

南南想了一会儿，笑了起来说："妈妈，你和爸爸永远也离不了婚，我还是能同爸爸妈妈在一起。"

你说这是怎么回事？

214. 打针打在哪里了

丽丽身体瘦弱，经常生病，病了妈妈就带她去打针，而丽丽又是最怕打针的。今天丽丽又病了，妈妈还是照往常一样带她去医院打针。到了医院，丽丽进了医生的房间里去打针，妈妈在门外等着。丽丽打完针，妈妈忙上前扶住她，关切地问："屁股又疼了吧？"

谁知这回丽丽却哭笑不得："不疼不疼，这次屁股不疼了！"

你知道丽丽这回为什么屁股不疼了吗？

215. 怎样说不被处死

阿凡提骑着他那头小毛驴到处旅游。一次他到了一个国家，这个国家的国王很害怕聪明的阿凡提，就把他抓了起来。

国王对阿凡提说："我反正要处死你。但是在你临死之前，我可以给你一次预言的机会。你可以预言我如何处死你，但是，如果你的预言对了，我就让你好死一点，用枪把你打死，否则我就让你上绞刑架，慢慢绞死你。"

阿凡提不慌不忙，笑着说了一句话。国王听了却无法把他处死。你知道阿凡提是怎样说的吗？

216. 三人的关系

新上任的公安局长本事可大着呢。刚上任不久就连破了3个大案。这位公安局长除了破案厉害，还是个下棋高手。最近又刚破了一个案件，公安局长想休息休息，就和一个老人一起下棋。正下着棋，5岁的儿子进来对公安局长说："我爸爸叫你回去，他有事找你。"公安局长站起来对老人说："爸爸，我有事先走了，咱们以后有空再下吧。"

你知道公安局长和那个老人的关系是什么吗？

217. 6 个字巧拼贴

你知道天下最奇怪的字画是谁作的吗？告诉你吧，是于佑任作的。一次于佑任应邀到一个朋友那儿去喝酒。于佑任可是个大酒桶，一口气喝了两三碗，喝得酩酊大醉。于佑任的字写得特棒，主人就乘机请他题一幅字。于是他醉眼朦胧，不假思索，大笔一挥，写下6个字："不可随处小便"。主人一看顿时傻了眼，赶紧收起来，等于佑任酒醒之后再拿给他看，于佑任不觉哈哈大笑，忙用剪刀将这6个字剪开重新拼贴。主人见了，赞不绝口，高高兴兴地珍藏起来。

于佑任到底是怎样把这6个字重新拼贴的呢？

218. 有几个错误

孔雀老师收了小熊、小狗、小猫、小兔、小狐狸5个学生。这5个学生当中就数小熊做作业不认真，又不动脑筋，而小狐狸是最聪明的一个。

一次孔雀老师出了这样一道题："马马虎虎的人会犯很多错误。如果不改正错误，还会继续犯错误，并且错误会一直犯下去。"问小熊："这道题中有几个错误？"小熊说这道题中没错误。小狐狸举起手说："孔雀老师，我知道这道题中有几个错误。"她把答案说了出来，孔雀老师直夸她聪明，是个善于动脑筋的好学生。

你知道题中有几个错误吗？

219. 吃了多少鸡蛋

李员外有几个很顽皮的儿子。一次李员外带他们到舅舅家里去玩。几个人一进门就嚷："舅舅，肚子饿了！"舅舅忙叫舅妈把仅剩的一些鸡蛋全煮了，拿来给他们吃。舅舅一看可就犯难了，说："一个人一个，就多出一个鸡蛋，一个人给两个吧，又少了两个。这样吧，么外甥多吃一个。"

其他几个兄弟可嚷上了："不行，不行！一个也不能多吃！"

你知道李员外有几个儿子，舅妈煮了多少个鸡蛋？

220. 从哪一个门进去

古时候西方有个岛国叫荒唐国，这个国家有些稀奇古怪的事情。"难不倒"是个大旅行家，他来到了荒唐国。在一家饭店吃完饭，他想去上厕所。按照服务员的指引，他来到 3 间房面前，一看，3 个门上分别写着："此门通厕所"、"此门不通厕所"、"第一个门通厕所"。

服务员告诉"难不倒"，上面 3 句话只有一句是真的，走错了门可就糟啦。好个"难不倒"，一会儿就进入厕所去了，并且没走错门。

厕所该从哪儿进呢？

221. 怎么回家

杨婶婶说话挺风趣。她有 3 个儿子，3 个儿子都娶了媳妇。3 个媳妇很久没有回娘家了，这天同时向婆婆提出要回去看看老爸老妈。

杨婶婶笑着说："去吧去吧，都一起去吧。大媳妇去个三五天，二媳妇去个七八天，三媳妇去个半个月。你们同去同回吧，可不许误了日期。"3 个媳妇一听，都不知如何是好，只好去跟她们的丈夫商量。丈夫们一听笑了，都骂她们笨，然后告诉她们怎样回来。3 个人果然在同一天回来了。

你知道她们是怎么回来的吗？

222. 看壶知酒量

"老酒鬼"和"醉不倒"经常在一起斗酒，常常喝得天昏地暗。两人对自己的酒器都很讲究，是专门特制的，酒也是装在各自的酒壶里。

一天，"老酒鬼"和"醉不倒"又各带了自己的酒壶碰到了一起。"老酒鬼"说："'醉不倒'老弟，我的酒量比你大一些。"可是"醉不倒"却说："老兄，你的酒量不见得比我大，你看看我这酒壶也该知道了。"

这两个酒鬼都各自夸自己的酒量大，到底哪个人的酒量更大？

223. 运动员会不会死

威尔是世界跳高名将，他能跳2.4米那么高。

威尔一次乘电梯时，由于电梯的缆绳断了，整个电梯厢快速地往下掉，情况相当危急。但是威尔却不怎么着急，他冷静地想："不要慌，只要在电梯厢着地的刹那间把握住机会，往上一跳，就不会跟地面撞击了。"

就在电梯厢快要掉落到地面时，威尔猛力一跳。请你猜猜看，结果会怎么样？

224. 救了老板反惹祸

有一个身家亿万的老板怕别人谋害他，就请了好几个保镖日夜保护他。一个夜间值班的保镖对老板说："我突然得到一个神奇的预示，请您今天不要乘去西班牙的 *213* 次飞机，否则会有生命危险。"

老板对他的话有点儿不相信，但还是改了启程的日期。晚上的电视台报道，这天飞往西班牙的 *213* 次航班发生爆炸，乘客全部遇难。

老板十分庆幸，就问那个保镖是怎么回事。保镖很得意地告诉他："那个预示我做梦时得到的。"老板听了之后说："你被解雇了。"

保镖顿时张口结舌，不知道老板为何要解雇他。你知道吗？

225. 小牛是什么

树底下一头小牛被拴着鼻子，拴它的绳子只有 *3* 米长。离小牛 *5* 米外的地方有一个菜园，菜园子的园门开着。小牛真想去吃园子里面的菜。它看看四周无人，它就开始摇头摆尾，不多一会儿就进到了菜园里面，把一园的菜吃了个干净，然后又出来了。

真奇怪，这头小牛是用什么办法进到菜园里面去的？

226. 难住教授

小华的爸爸可是大名鼎鼎的大学数学教授，在数学方面世界上都排得上名次呢！小华今年才是三年级学生。一次，他要考考爸爸这个大数学家。

小华说："爸爸，我这儿有一张撕下来的纸，只有一边是直线，不准沿直线对折，你能用折的办法折出一个直角吗？"爸爸就用纸折来叠去，没有办法弄出一个直角。小华就笑了，说："看来你这个大学教授也是徒有虚名的。我折给你看。"小华很快就折出了一个直角。

你会不会折呢？

227. **是傻瓜还是聪明**

胡胡带了一个朋友到家里玩。邻居的小朋友想看看这个客人是不是聪明，就开始说一些话来逗他。客人既不聋，也不笨，但只是笑。小朋友们以为他傻，就骂他是猪是狗是牛等等，可是客人还是礼貌地朝他们笑。

胡胡看见了，就说："你们怎么能这样对待我的朋友呢？告诉你们，他可聪明着呢!"

你说胡胡的这个朋友是聪明还是不聪明？

228. **小狗听不懂**

时下好多人喜欢养小狗，有位富有的老板娘没事养了一只聪明伶俐的狗。老板娘为了把这只狗培育成世界一流的名狗，就把它送到美国一家著名的训狗场去。

半年多过去，小狗训练完被送了回来，随狗还附有一封信，写着："这只狗毕业成绩不错，只要你命令它，学过的动作都会圆满地做出来。"可是老板娘命令小狗，小狗一个动作也不做。真是狗留了学架子也变大了。

真是这样吗？

229. **巧妙寄宝剑**

王刚的好朋友林同来信说："听说你们那儿有好宝剑，可否给我

129

买一把寄过来?"王刚就到当地武术器材商店去买了一把好剑,准备从邮局寄过去。

到了邮局才知道,邮局规定,凡是超过 *1* 米长度的物件不能邮寄,而王刚买的宝剑有 *1.2* 米。怎么办呢? 总不能亲自给林同送过去吧? 他想了半天也没结果,最后还是在邮局工作的朋友小张给他想出办法把剑寄了去。

小张用什么法子呢?

230. 成绩弄错了

期中考试的成绩公布出来了,小兰这次考的成绩还不错。放学时老师把打印的成绩单装进信封里让同学们带回去给家长看。

回到家里,小兰妈妈拆开信封一看,脸上顿时现出不高兴的神色,问小兰:"你这次语文考了多少分?"小兰说:"89 分。"妈妈说:"这成绩单上明明写着你的成绩刚过及格线 8 分,怎么当面撒谎?"小兰说:"我们老师在班上宣布过的,我怎么会撒谎?"

妈妈和小兰争论了半天,后来才弄清楚了原因。

你知道是什么原因吗?

231. 大力士搬巨石

在一条两面是山的碎石子公路上,由于塌方,滚下来不少石头。养路工人紧急出动,清理这些石头。小块的石头都搬走了,就剩下一块 *3000* 多斤重的大石挡在路上。公路上堵起长长的一队车子。要是把这块巨石滚走,起码也要七八个小时,时间太长了,就是采用爆破的办法也要 *3* 个小时,还是慢。

正在没有办法之时来了一个举重运动员，他观察了一会，然后叫几个工人一起动手，没多久就把巨石给解决了，公路又畅通无阻了。

你说大力士是怎么解决巨石的？

232. 赶快逃命

晶晶家住在农村，他们这里多的是松鼠和黄蜂，兔子也不少。晶晶家要建一座房子，爸爸和叔叔到山上去砍松树。他俩看中了一棵大松树，就准备锯断它。这可吓坏了树上的松鼠，因为它在树上搭有一个洞窝，并且准备要生孩子了。

怎么办呢？松鼠不愧是个机灵的小动物，就摘了树上的一个松果扔了出去。松果并没有打在晶晶爸爸和叔叔身上，可他两个却吓得没命地逃走了。这是为什么？

233. 没有解决的问题

马爷爷今年85岁了，耳朵很背，大声叫他，他有时也听不见。家里有一部电话机，因为他太聋，电话铃响了他听不见，搞科研的儿子给他装了一个灯光信号，电话来时可以看得见。

尽管这样，家里人还是经常抱怨马爷爷误了不少事。这是什么原因呢？

234. 巧取爆米花

镇上来了一个爆米花的人，奶奶就用一些米去爆了一些回来。她怕孙女小芹一下子吃完了，就把爆米花放在一个罐子里，上面用米盖住。嘴馋的小芹知道了，嚷着要吃爆米花。

奶奶笑着说："小馋猫，你要吃也可以，但是有一个条件，那就是你不能用手或其他东西在罐子里把米花翻上来。如果你能用其他办法弄到米花，就随你去吃好了。"

小芹抱着罐子想了半天也想不出办法来。你有办法让她吃到爆米花吗？

235. 8 刀切多少块

豆豆可聪明啦，每次班里出什么数学竞赛，他总是拿第一名，得的奖状把墙壁都快贴满了。小弟弟蛋蛋有点儿不服气，想考考哥哥的能耐有多大。

蛋蛋说："一个西瓜切 3 刀，最多可以切多少块？"豆豆说："8 块。"蛋蛋说："那么一个西瓜切 8 刀，最少可以切多少块？"豆豆说："等等，让我拿纸笔来算一下。"

蛋蛋笑他："不用纸笔啦，我告诉你吧。"豆豆听了答案，不觉羞红了脸。蛋蛋的答案是多少？

236. 巧放鸡蛋

奶奶正在把鸡蛋装进玻璃瓶里，小胖胖嚷着要奶奶给他摘葡萄。奶奶说："要我给你摘也行，但是你得给我把这些鸡蛋全都装进瓶子里面去，可不准弄破了。"

小胖胖一看那玻璃瓶很深，而口子刚好只能容得下一个鸡蛋进去。瓶子也不能放倒，因为这样也容易弄破鸡蛋。小胖胖抓耳搔腮地想了半天，终于想出了一个好主意，把鸡蛋一会儿就全装进了玻璃瓶里。奶奶直夸他聪明，给他摘葡萄去了。

你知道小胖胖的绝招是什么吗？

237. 神奇的刀法

今天是斤斤的生日，妈妈给他买了一个很大很大的蛋糕，斤斤邀了一群小伙伴来给他庆祝生日。

斤斤点了一下人数，总共是 8 个人。斤斤说："这里有 8 个人，那么蛋糕要切成 8 块，也就是要切 3 刀。"文文却说："不用切 3 刀，我只要两刀就解决了。"小伙伴们一听都傻了眼，天下还有如此神奇的刀法！

大家正在发愣，只见文文拿起刀就开始切蛋糕，两刀就切成了 8 块。大家不得不佩服他的刀法。

你说文文的神奇刀法神奇在那里？

238. 该不该罚款

威尔的叔叔是个莽撞的司机，他喜欢开快车，也喜欢闯红灯，虽然被罚了好几次款，但他仍旧一点儿也不改这个毛病。

在一条繁忙的十字街口，红灯正亮着，一大群人正在过人行横道。威尔的叔叔还没等行人过完，他就从后面冲进了人群，使劲往前跑。交通警察一看又是这个莽撞的司机，本想说他几句，却没有说，反而冲他去的方向笑笑，弄得一些人莫名其妙。

为什么这次警察没有罚他的款？

239. 是美女还是丑八怪

古时候有个员外，员外有个儿子，今年20岁了。员外央人给他儿子说一房媳妇。不久就有了回音，是一封信。信这样写着："人才十分丑陋全无一双好脚。"古代人书写不加标点。员外看了十分高兴，就准备接受这门亲事。但是员外的老婆看完信，却不愿意要这门亲事。

这到底是怎么回事？

240. 简单分骆驼

有一个富人养了17头骆驼，他有3个儿子。儿子们都长大了，各自要成家立业，富人便把家产分了。这17头骆驼大儿子得1/2，二儿子得1/3，三儿子得1/9，剩下的归富人自己，这下可麻烦了，按照这种分法，骆驼只好宰了来分。

正在没有办法的时候，有个骑着骆驼的老人过来了。当他知道富人正为分财产犯难时，就爽快地答应为他解决难题。不用一刻，老人就为富人把17头骆驼公正地分给了他的3个儿子，然后又骑着骆驼走了。

老人用什么办法解决了富人的难题呢？

241. 谁在吹牛

有两个学生喜欢吹嘘各自的老师如何的好。这天他们俩又碰在一起吹嘘开了。

一个说："我们的老师水平是没得说的，他教我们数学，可以背下圆周率小数点后 100 位数字。"

另一个说："我们的老师从来不用 8 以上的数字，只用 1 到 7 这 7 个数字，但他一样全国闻名。"

到底哪个在吹牛？

242. 诗人吟错了

杨百万除了有钱，还喜欢结交诗人。今天是重阳节，他准备了一桌丰盛的筵席，邀请了一位大诗人到家里来过重阳节。

酒喝到尽兴时，诗人诗兴大发，立刻对着弯弯的明月吟了一首诗：

明净的天空中挂着一只小船，

小船的两头弯得就像两只牛角。

牛角里有一颗闪亮的星星，

仿佛就是东方不灭的明珠。

杨百万的儿子听了说："大诗人吟错了。"

怎么会错了呢？

243. 认出假铜牛

公安局获悉有一个假文物贩卖者在扰乱文物市场，公安人员前往捉拿。

到了文物市场，见几个摊主正在和顾客讨价还价。一个摊主出售的铜马上写着"洪武十年造"，一个摊主出售的铜牛上写着"公元前一百八十年造"，一个摊主出售的铜羊上写着"乾隆十九年造"。

公安人员很快就逮住了扰乱市场的假文物贩卖者。你知道是哪一个吗？

244. 爸爸到底做什么

木木的爸爸胃不好，老是闹胃病，害得妈妈老是担心他出什么事。

今天木木下班回来，妈妈又叫他到医院去接爸爸。木木开着车到了医院，值班医生告诉他说："你爸爸正在做手术。"

木木听了说："不要紧的，那我就再等他一会儿好了。"木木一点儿也不显出担心的样子。

你知道木木为什么满不在乎吗？

245. 生肖怎样联系

王老师这堂课在教同学们成语。王老师说："我们今天就用十二生肖来复习成语。同学们把有关十二生肖的成语说说看。"有的同学说："鼠目寸光、对牛弹琴。"有的说："狐假虎威、狡兔三窟。"有的说："龙飞凤舞、马不停蹄。"

王老师说："同学们说的都不错，但有哪个同学能用一个成语同时说出两个生肖和用一个成语同时说出 4 个生肖吗？"这下可没几个同学能说得出来了。

你能说得出来吗？

246. 奇怪的牛

羊老弟和牛大哥一起到草地上吃草。吃完草，他俩回到棚里，牛

136

大哥和羊老弟住在一起。

过了几小时，羊有些饿了，想出去再找点草吃。他准备叫牛大哥一起去，可一看牛大哥嘴里还在一动一动地嚼着什么东西。羊老弟就问："牛大哥，你在吃什么？"牛大哥说："吃草啊。"羊老弟奇怪地问："这儿没有草啊？"牛大哥说："这是我们的秘密，可不能告诉你。"

你知道牛的秘密吗？

247. 该放不该放

狐狸一不小心让老虎逮住了，老虎准备吃掉狐狸。狐狸说："大王，我最会讲笑话，你吃了我就没人给你讲笑话了。"老虎说："那你就讲一个吧。如果我笑了，我就放你，否则绝不放你。"

狐狸就说了一个"屁"字。老虎问："这是什么意思？"狐狸说出两句话来，逗得老虎大笑不止，果然把狐狸放了。

狐狸说出了什么话？

248. 乌鸦不敢来

一个老农在种花生，一群乌鸦在枝头上看着。老农走了之后，乌鸦就下地来用爪子翻出土里的花生吃。老农就搭了一个稻草人站在地里。乌鸦果然隔了两天不敢来。但是后来乌鸦见那个稻草人整天不动，就知道是个假人，又下地来找花生吃。

老农实在没有办法，回去跟儿子一说，儿子给他想了个办法，乌鸦就再也不敢来了。

老农的儿子办法是什么呢？

249. 黄牛真的贪吃吗

张老汉是个养牛专业户，他养了不少的黄斑牛和白斑牛。这些牛一头头都膘肥体壮，个头都差不多大小。可是张老汉每次喂料时总是认为黄斑牛比白斑牛吃的草料要多一倍，别人都不相信，后来亲自去看牛吃草料，才真的相信张老汉说的话不假。

黄斑牛真的那么贪吃吗？

250. 猪八戒吃馒头

唐僧师徒一路西行，正走着，唐僧说："悟空，我们肚子饿了，你去化些斋来。"孙悟空不一会儿就化来了 11 个馒头，唐僧拿了两个，剩下 9 个留给猪八戒和沙僧吃。孙悟空说："一个人最多只能同时拿两个馒头，不准多拿。"猪八戒贪吃，每一次都拿两个，沙僧只拿了一个。他两个吃得一样快，最后八戒却在那里嘟嘟囔囔。你猜为什么？

251. 胜过冠军

比尔是校田径队 100 米赛跑的冠军，杰克是校田径队 1000 米赛跑的冠军。查理也是校田径队的，跑得也很快。

一天查理在同学们面前吹："今天我和我们校两位冠军比赛跑，我把他们两个都赢了。"同学们都认为他在吹牛，只有查理的好朋友汤姆说这是真的。

查理是不是吹牛？

252. 硬币在哪里

松松喜欢研究科学，他常常弄一些瓶瓶罐罐，装上各种各样的液体，看看它们比重的大小，并且还喜欢考他的奶奶。

这天松松把油、水和水银装在一个量筒里，问奶奶："您知道油、水和水银处在什么位置上吗？"奶奶说："当然知道。油在上面，水在中间，水银在底下。"松松又问："如果把一个硬币扔进量筒里，硬币会在什么位置呢？"

奶奶说出了正确的答案，你知道吗？

253. 种树比赛

3月又到了，小冬和爸爸、哥哥一起去植树。父子3个都努力植树，1个小时下来就植了不少。

小冬数了一下，他和爸爸植的树合在一起是16棵，爸爸又比哥哥多植7棵。回来小冬就这样告诉妈妈，要妈妈算一算每个人各植了多少棵树。

你能不能替妈妈算一算他们3个人各植了多少棵树？

254. 智断羔羊

村上的胡家和孙家都养了一群羊。一天放牧回来时两家都发现自己的羊群少了一只。后来有人看到山坡上有一只羔羊在那里叫唤，两家就派人去看。看了之后两家都说羔羊是自己的，便争执起来。

139

胡家和孙家争执不下，就牵着羔羊一起到村长家来让他评断。村长想了一会儿，然后就准确地把羔羊断给了原主。

村长是怎样断的呢？

255. 飞机与火箭

小胖是班上最贪玩的学生，数学成绩最差。小波则是班上最勤奋的学生，数学成绩最好。小胖对小波总是不服气，一天他对小波说："你是班上数学成绩最好的，我来考你一个问题。有一架飞机的速度是每小时 2200 公里，有一架火箭的速度是每小时 2800 公里。如果让它们从航天中心出发，飞机先起飞 7 小时，然后火箭才起飞。哪个先达美国的纽约？"小波认真算了一下报出他的答案。小胖扑哧一声笑了。小胖将答案一说，小波脸红了。小波为什么脸红？

256. 门牌怎样认

有个卖衣服的老板为了招来顾客，就在店面门前立着一块大牌子，上写 4 个红字："包不褪色"。这块牌子立起来之后，一时顾客多得不得了，这个老板一下子赚了不少钱。

可是不到一个星期，顾客纷纷拿着衣服来退。原来这些衣服质量差，回去洗了一次都褪了颜色。不料这个老板对顾客说了一句话，气得他们说不出话来，大呼上当，以后再也不来买这个老板的衣服了。

你知道这是为什么？

257. 不用船也能过河

在北方有一条大河，河上住着一户人家。这天来了一个旅客，说要过河去，但没有桥。主人家说："我们这儿没有船，这条河太宽，我们平常是不过河的。"旅客一听着急了，就借住在主人家里，天天想办法过河。可是想来想去还是想不出办法。

正在那个旅客愁眉不展的时候，有个侠客来了，对旅客说："兄弟，不要愁，我带你过河。"侠客真的什么也不用，就带着旅客过了河，你猜他们是怎样过河的？

258. 怎样量醋和油

欢欢的妈妈进城去进货，让她照看小店。有人来买柴油，欢欢问他买多少，客人说买 3 升。

欢欢看到油罐里装着满满的 20 升油，可是量筒找不着了。但欢欢记得昨天妈妈用一个塑料袋子装着 3 升醋。她就想了一个办法，让客人满意地走了。

欢欢用的什么办法？

259. 为何打破反高兴

毕业于市体育学院的东东人高马大，人长得挺帅，东东样样都好，就有一件不好，喜欢打破东西。

可不，昨天东东一不小心就把家里的一个花盘子打破了，还不说前天把一个瓷盆打破了，大前天打破了 3 个精致的杯子。妈妈真是为他的这个毛病伤透了心，这样下去还行吗？今天妈妈正在伤心，东东的弟弟跑进来双手乱舞："打破了，打破了！哥哥又打破了！"

这一回妈妈不再伤心，而是挤出了高兴的泪花。你知道是什么原因吗？

260. 智辨真假眼

美国有个大富翁非常有钱，但是他却贪婪凶狠。不幸的是这个大富翁瞎了一只眼。为了保持自己的高贵身份，他花大钱请人给他装了一只和真眼差不多的假眼。

这个大富翁逢人便炫耀他的假眼是如何如何的逼真。一次他在大文学家肖伯纳的面前又卖弄上了。他说："大作家，你知道我的那只眼睛是假的吗？"肖伯纳看了一会儿说："这只眼睛是假的。"富翁大为惊讶，不得不佩服肖伯纳的眼力。

你知道肖伯纳是怎样看出假眼的吗？

261. 机智的侦察员

一支部队里招了一些侦察员，首长想在这些侦察员当中任命一名班长，但又不知道哪个侦察员最聪明，就进行了一次考试，把所有侦察员都叫到一个大院里，对他们说：

"你们谁有办法走出这个大院，既不许翻墙硬闯，也不许和门卫争吵，就让他乖乖放你出来，就可以当这个新班的班长。"

大家都费尽了心思还是出不了这个大院。这时一个侦察员走过去跟门卫说了一句话，门卫就让他走了。他到底说了什么话？

262. 没人理他

大李笨口笨舌，又不会说普通话。一次他应朋友的邀请坐飞机到朋友家去做客。他怕下了飞机服务小姐来拉他去住旅馆，就事先准备了一张牌子，上面写着一句话。

下了飞机，朋友到天黑了还没有来接他。他就拉住别人问路，可是人家一个个都不理他，掉头就走。大李正不知如何是好，这时朋友来了。大李忙把这事跟朋友说了，朋友哈哈大笑，说："你知道人家为什么不理你吗?"

你知道吗?

263. 怎么过隧道

卡特最近才考取驾驶执照，公司便让他拉着一个大铁罐子送到一个地方去。途中遇到一个隧道，车子上的大罐子刚好擦着隧道顶，这样行驶会被隧道管理站罚款的。卡特不知道怎么办才好。

卡特正在为难的时候，来了一位驾车的老师傅，看到卡特的车子停在隧道口要进不进的为难样子，便走上来给他出了个主意。卡特照着老师傅的指点，就顺顺当当地开过了隧道。

老师傅给了卡特什么样的指点呢?

264. 撒谎就知道

太平洋上有一个岛屿叫西瓜岛，岛屿上的人都有一个古怪的脾气，

143

要么一辈子讲真话，要么一辈子讲假话。这里的人穿着都差不多，因此很难从服装上辨别谁说的话是真是假。

流浪家三毛一次到这个岛屿，他想找一个说真话的人问路，但又不知道哪个人说的是真话。三毛动了一番脑筋，终于想出一个好办法，一句话就能判断出对方是说真话还是说假话的人。

三毛到底是用了句什么样神奇的话呢？

265. 到底输不输

"只会赢"和"不会输"是两个赌棍，说话总喜欢抬杠。

"只会赢"说："有一种东西，上升的时候会下降，下降的时候会上升。你说有这种东西吗？"

"不会输"说："我不信天下还有这样的怪物。我敢跟你赌五百块钱，如果你真能找出这样的东西就算你赢。"

"只会赢"说："那你肯定输定了。"

亲爱的读者朋友，你说"不会输"到底会不会输呢？

266. 孙膑说的是什么

孙膑和庞涓都是鬼谷子有名的弟子，他们两个都曾在魏王手下一起共事。魏王知道他俩都极有本事，想试试谁更厉害。

魏王说："我坐在大殿上面，你们两个谁有本事让我走下来。"

庞涓说："大王，这太简单了，我只要在你后面放一把火，你就下来了。"魏王觉得他的话固然不错，但不高明，又问孙膑："依你之见呢？"

孙膑不慌不忙，只说出两句话，魏王就自动走下来了。他说了什么话呢？

267. 一句话答完问题

狼和小羊在一条河边一起喝水，狼想吃掉小羊，但总得找个借口。

狼走过去对小羊说："听着，我有五十个问题，你要用一句话把它们答完，否则我就要吃掉你！"

小羊战战兢兢地问："狼大哥，你要问的是哪五十个问题啊！"狼便把五十个问题一一说了出来，这些问题什么都有。他以为这回小羊可吃定了，没想到小羊真的只用一句话就把他所有的问题都答完了。

小羊说了句什么话？

268. 是不是很贪

小贪到街上去办事，突然想起一件重要的事情要办，可一摸口袋，糟，钱包忘了带了！他只好向路人求救："哪个给我一点钱！我钱包忘在家里了！"

有一个人给了小贪10元钱，小贪摇摇头；又有一个人给了他20元，他依然摇摇头；再有一个人干脆给了他50元，他还是摇头。就有人说他了："小伙子，给了你这么多钱还不要，可不要太贪了！"

小贪是不是太贪了？

269. 猪八戒照哈哈镜

猪八戒听说照哈哈镜挺好玩，就央求大师兄孙悟空带他去玩。

孙悟空把猪八戒带到一个娱乐城中，让猪八戒站到成"5"字形的三块哈哈镜面前去照。猪八戒左转右转，看到镜中的他变成古怪的模样，就忍不住笑了起来。猪八戒转而一想："都说猴哥聪明，等我问他一个问题看他答不答得上来。"他说："猴哥，你说这儿有几个猪八戒？"

孙悟空看了看镜子，说了一个数字。八戒说："猴哥这回你可说错了！"

到底有几个猪八戒？

270. 插头插进哪里了

周叔叔和杨阿姨有一个白白胖胖的小儿子丁丁，今年3岁了。他们经常想办法来培养丁丁动脑筋的习惯。

这天吃过晚饭，周叔叔抱着小丁丁，手里拿着一个插头对他说："丁丁，插头是用来插进插座里面通电的。你好好观察一下，这个插头应该插在哪儿合适？"

丁丁东张西望地看了一会，然后就把插头一下子插了进去，惹得杨阿姨笑得喘不过气来，周叔叔却皱起了眉头。这是怎么回事？

271. 谁的手艺好

阿凡提很久没有理发了。这天他走到一个小镇，镇上只有两家理发店，并且隔得很近。

阿凡提认真地观察了一会，发现一家理发店里面很不整洁，理发师的头发剪得也很差，而另一家理发店整洁干净，理发师的发型剪得非常不错。

阿凡提想了一会，就往那家不整洁的理发店走去了。两家理发店的价格都是一样的，你知道阿凡提为什么往那家差的理发店走吗？

272. 同路不同向

小辉和小豆住在同一条弄子里，他俩在同一个学校念书，是形影不离的好朋友，每天一起去上学。

小辉的朋友看见小辉和小豆走出家门，一个往右转，一个往左转，就忙问："你们俩是不是一块去上学？"两人都答是。这可让小辉的朋友感到莫名其妙了，就悄悄地在后面跟踪了上去，果然见他俩一块儿走。

这究竟是怎么回事？

273. 军师的办法

有个国王喜欢和他手下的一个大将赌赛马，结果大将总是输。情况是这样的，国王第一次、第二次、第三次依次拿他的一等马、二等马、三等马出来比，而大将同样依次拿出他的一等马、二等马、三等马出来跟国王比，每次他的马总是慢国王的一点儿，因此总是输。

这次国王又要和大将比赛马了，军师看大将输得可怜，就给他出了个主意，这回大将可赢了国王。

你有什么妙法能赢国王吗？

274. 巧对联啥意思

　　某个中央领导到一个贫困地区去视察。村长把领导接到自己家里，安排了好饭好菜招待他，村长边吃边汇报说他们这个村如何如何大搞生产，进行多种经营，家家户户都是吃穿不用愁。吃完饭之后，村长陪同领导到村里访问。到了一家门前，见门上贴着一副对联，左边是"二三四五"，左右是"六七八九"，没有横批。领导见到这奇怪的对联，思考了一下，然后对村长说："你们这里的干部没有解决好贫困人家的问题哟。"村长一听脸红了。

　　你猜领导是怎样发现了贫困问题？

275. 剪不断的东西

　　明明是个喜欢动脑筋的孩子，一次他到小吃部发现了一件有趣的事。后来他就把这件事讲给同学们听。明明说："天下有一样东西，用刀把它砍断了还是一样东西，就是还没有分开。你们猜这是什么东西？"有个同学说："不是水就是空气之类的东西。"明明说："不是那一类东西，那一类东西包括光线是不能砍断的。我说的是你能够看到的实实在在能砍断的东西。"同学们都猜不出这是什么东西。

　　你也许知道是什么吧？

276. 至少得第几名

　　关小峰是班里的长跑健将。班里最近举行了一次长跑比赛，经过预赛筛选，剩下关小峰等不多几个同学参加决赛。

决赛这天，环形跑道上关小峰开始一路领先，但是跑到后来，他突然肚子疼起，速度明显慢了下来。这时在关小峰的前面有 *4* 个人，在他的后面有 *4* 个人。同学们依然在为他喊加油。同学们都在猜测，这次比赛关小峰能拿第几名呢？

你说关小峰至少能拿第几名？

277. 侦探智抓毒品贩子

一个派出所得到一份可靠情报，有两名毒品贩子准备搞一笔毒品交易。情报是这样的：本月 *25* 日下午三时在市人民广场边上的教堂顶上。到了这一天，派出所派出精干人马前往捕获毒贩，可是却一无所获。因为广场边上的教堂顶又高又尖，且很显眼，毒贩不可能到上面去搞交易。

不久，派出所又得到类似的情报。这回派出所的人去请教一名老侦探。他们按照老侦探的指点，果然抓住了毒品贩子。你知道毒贩是在哪儿被抓住的吗？

278. 锯钢管要多久

王叔叔正在锯一根 *10* 米长的钢管，小风走了过来，问道："叔叔，您要把它锯成多少段？"王叔叔说："要锯成 *20* 段。"小风又问："锯断一截要多长时间？"王叔叔答："要 *4* 分钟。"小风笑着说："我知道你要多长时间才能全部锯完。"王叔叔说："是吗？你说要多久？"

附：答案

1. 这是"一周"的英文单词首写字母，后两个单词是 Saturday，Sunday。所以，最后的两个字母应该是 S，S。

2. 旋转这些图形的角度可以得知：首先，把左边的梯形逆时针转 45 度，再把右边的梯形顺时针转 45 度。

然后，把左边的梯形转 180 度，右边的顺时针转 45 度。

所以，第二行第一个图，需要第二图左边部分顺时针转 45 度，右边部分逆时针转 45 度得到。应该选 D。

3. 我们可以归纳法进行推理：

第一种情况：

$5 - 2 = 3$

$8 - 5 = 3$

$11 - 8 = 3$

数字形成等差数列

所以？$= 11 + 3 = 14$

2，5，8，11，14

由于答案中没有 14，所以来看第二种情况

第二种情况：

因为 $2 + 5 = 7$

$5 + 8 = 13$

$8 + 11 = 19$

$11 + x = y$

相邻两项相加的和，为递增的质数序列，而且中间隔开一个不算。

即 7，(11)，13，(17)，19，(23)，29。所以 $y = 29$，$x = 29 - 11 = 18$。

所以答案为 E。

4. D 圆圈和黑块不同出现，E 选项不是，有黑块的图灰块数是序号数的平方，如第一图灰块 $1 = 1^2$，第四图灰块数 $16 = 4^2$，那么 A 和 C 选项也不是，有圆圈的图灰块数等于序号数，所以答案就是 D。

5. 从前面的数字可以归纳出规律：

（ ）里的个位数比前面的数字的最后一位大 1，十位数比后一个数第一位数大 1。

所以（ ）内的数是 38。

6. 第一步：甲、乙、丙三人自己取走的球数是 25 −（1 + 2 + 3）= 19（个）。

第二步：$19 - 2 = 17$（个），$17 = 3 \times 4 + 2 \times 1 + 1 \times 3$。

第三步：由以上可知，穿黄色球衣的人取走王某手中球数 1 的 3 倍，这是甲。

所以，甲穿的运动衣的颜色是黄色。

7. 第一步：可知 4 种书每种至少 1 本，共 3 + 5 + 7 + 11 = 26（元）。

第二步：这四本书的价格共计 70 元，70 − 26 = 44（元），得出 44 元买 6 本书。

第三步：这样就得出了：

① $11 \times 3 + 5 \times 1 + 3 \times 2$

② $11 \times 2 + 7 \times 2 + 5 \times 1 + 3 \times 1$

③ $11 \times 2 + 7 \times 1 + 5 \times 3$

④ $11 \times 1 + 7 \times 4 + 5 \times 1$

所以，小林共有 4 种不同的购买方法。

8. 第一步：先设赵胜出的情况为 A，赵负为 B，若最终赵赢，有 7 种可能的情况。

第二步：再来假设王赢也有 7 种可能的情况。

$$AB < \begin{array}{l} AA \\ A < \begin{array}{l} A \\ BA \end{array} \\ BAA \end{array}$$

$$BA < \begin{array}{l} A < \begin{array}{l} A \\ BA \end{array} \\ BAA \end{array}$$

如图所示：

第三步：以上可知，7 + 7 = 14。

所以，赵、王两人间的输赢共有 14 种情况。

9. 从题中得知，两个不同的数相加之和大于 10，不必考虑其顺序。

第一步：8 + 7、8 + 6、8 + 5、8 + 4、8 + 3 共五种取法。

第二步：7 + 6、7 + 5、7 + 4 共三种取法。

第三步：6 + 5 仅一种取法。

所以，小明用了 9 种取法达到了自己的愿望。

10. 首先，从题干中可得知 3 张牌上的数字之和为 9，但是并没有要求顺序，所以在取牌过程中不必考虑顺序。

第一步：1 + 2 + 6 = 9

第二步：1 + 3 + 5 = 9

第三步：2 + 3 + 4 = 9

所以：甲有 3 种不同的拿法。

11. 第一天：+3 − 2 最高上升到了 3 米，距离井口最远有 7 米

第二天：+3 − 2 最高上升到了 4 米，距离井口最远有 6 米

……

第 x 天：+3 − 2 最高上升到了 10 米，距离井口最远有 0 米

x = 10 − 2 = 8（天）

因此，青蛙需要 8 天才能爬出井口。

12. A 第一次拿 4 个，然后后面 B 拿 n 个 A 就拿 6 − n 个（n 为 1，2，3，4，5 中任意数），

所以拿的顺序是

A，BA，BA……A，BA，BA

到 A 的时候已经拿了 4 +（5×18）=94 个，最后 B 无论拿多少 N（N 为 1，2，3，4，5 中任意数）个，剩下的（6 - N）都是 A 拿到的。

13. 红色

A 看到一红一蓝，回答不知道；

B 通过 A 的回答，猜测 A 看到 2 红或一红一蓝。如果 B 看到 C 戴蓝色的头花，代表 A 看到一红一蓝，B 就能推断出自己戴红色的头花；如果 B 看到 C 戴红头花，B 就不能推断自己戴什么色彩的头花，也就是说 B 回答不知道，代表 B 看到 C 戴红色的头花，所以 C 就知道自己戴红头花。

14. 这样的题目是归纳法最常见的一种题。首先当 N = 1 时，上式左边 = 1，右边 = 1，因此公式成立。现假设 N = K 时公式成立，即 1 + 2 + 3 + ... + K = 1/2K（K + 1）

同理，当 N = K + 1 时：

1 + 2 + 3 + ... + K +（K + 1）=（1 + 2 + 3 + ... + K）+（K + 1）

由于假设：1 + 2 + 3 + ... + K = 1/2K（K + 1）成立。那么

1 + 2 + 3 + ... +（K + 1）= 1/2K（K + 1）+（K + 1）

= 1/2（K + 1）（K + 2）

= 1/2（K + 1）［（K + 1）+ 1］

=［1/2×K（K + 1）］+（K + 1）

= 1/2×［K^2 + K + 2K + 2］

= 1/2×［K^2 + 3K + 2］

= 1/2×（K + 2）（K + 1）

所以上式就可以推理出来了。

15. 乙

153

此题可以运用假设排除法推理得出是乙说的是真话，甲和丙都是说谎话。

16. A

从（1）（2）（4）结合，可以判断作家不是中文系和机械系的，因此，作家是化学系的。（5）（6）结合，可以推出乙不是化学系和机械系的，因此乙是中文系的，那么从（6）中还可以推出丙是化学系的，因此丙是作家。又因为从（3）可以推出机械系的不是大学校长，因此得出乙是大学校长，最后剩下甲毕业于机械系是市长。

17. 我们可以发现，小明所问的六个词，CARTHORSE 与 ORCHESTRA 所含的字母完全相同，只是字母的位置不同而已。小强，心中所想的字母在这两个词中，如果有则全都有，无则全无，可是小强的回答是：一个说有，一个说无，显然其中有一句是假话。

同理，SENATORIAL 与 REALISATON 所含字母也相同，而小强的回答也是一有一无，可见其中又有一句是假话，这些便是小明确定小强的回答中有假话的依据。从上面分析可见，小强的四句回答中已知有两句是真话，两句是假话。根据题意，小强共答了三句真话和三句假话，所以小强的另外两句回答必定是一真一假。

INDETERMINABLES 与 DISESTABLISHMENTARIANISM，剩下的这最后两个词，尽管后者的字母比前者多，但这两个词中，除了后者比前者多了一个 H 字母外，其余的字母都是相同的或重复的。而小强说他心中所想的字母在这两个词中都有，如果前一句是真话，即前一个词中确有那个字母的话，那么，后一个词中无疑也应该有的。这样，两句话都成了真话，与题意不符。所以，小强的前面一句应是假话，后面一句是真话，即前一个词中是不存在小强心中所想的那个字母的，那么后一个词中肯定有这个字母，所以小强心中的字母应该是 H。

18. 首先，*1* 至 *60* 中含有 *7* 的数分别为：*7，17，27，37，47，57* 共有 *6* 个数。

其次，*61—100* 中含有 *7* 的数分别为：*67，71……79，87，97* 共

有 12 个数。

所以，1 到 100 中含有 "7" 数共有 18 个。

19. 第一步：由题干中可知各个数位上的数字之和等于 34，也就是说 4 个数字之和是 34，只有 9＋9＋9＋7＝34，9＋9＋8＋8＝34 两种。

第二步：但千万别忘记了，不同的数字放在不同位使组成的四位数不同，应要考虑顺序。

第三步：那么就可以得到，9997，9979，9799，7999，9988，9898，9889，8998，8989，8899。

所以，共有 10 个数字之和等于 34。

20. 由题干中可得知，3 个国企各不相同，3 数之和是 300 份《甲刊物》。

从顺序上来看：

第一步：99＋100＋101，99＋101＋100。

第二步：100＋99＋101，100＋100＋100，100＋101＋99。

第三步：101＋99＋100，101＋100＋99。

所以，3 个国企一共有 7 种不同订阅《甲刊物》的方法。

21. 第一步：由题干中可知有 100 枚同样的真币和 1 枚伪币，甲某可以在天平两端各放 50 枚硬币。

第二步：若天平是平衡的，那么甲某手中所剩一枚必为伪币。这样可取一枚真币和一枚伪币分放在天平两端，甲某便可知真币与伪币之间谁轻谁重。

第二步：若是天平不平衡，甲某可以取下重端的 50 枚硬币放于一边。然后将轻端的 50 枚硬币分放两端各 25 枚，若此时天平平衡则说明伪币在取下的 50 枚硬币中，即真币比伪币轻；若此时天平仍不平衡，甲某就可以很轻松的确认出伪币在较轻的那一端中，也就是真币比伪币重。

所以，甲某根据以上方法在没有砝码的天平只称两次，就能达到自己的目的。

22. 第一步：甲公司全体员工 30 个人，如果让 5 辆小型旅行车都不坐满，那么，全体员工的坐法为（6、6、6、6、6）。

第二步：如果其中只有一辆小型旅行车坐满，那么，全体员工的坐法应为（5、6、6、6、7）。

第三步：如果其中有二辆小型旅行车坐满，那么，全体员工的坐法应为（5、5、6、7、7）和（4、6、6、7、7）。

第四步：如果其中有三辆小型旅行车坐满，那么，全体员工的坐法应为（4、5、7、7、7）和（3、6、7、7、7）。

第五步：如果其中有四辆小型旅行车坐满，那么，全体员工的坐法应为（3、7、7、7、7）。

所以，甲公司总共有 7 种不同的方法去安排员工乘坐。

23. 第一步：由题干中可知，甲、乙每天至少要吃掉 2 个橙子，若是他们一天把橙子吃完，也就是一下子吃 7 个，也就只有一种不同的方法。

第二步：若是甲、乙两天吃完 7 个橙子，有四种吃法：

①$2 + 5 = 7$

②$3 + 4 = 7$

③$4 + 3 = 7$

④$5 + 2 = 7$

第三步：若是甲、乙三天吃完 7 个橙子，有三种吃法：

①$2 + 2 + 3 = 7$

②$2 + 3 + 2 = 7$

③$3 + 2 + 2 = 7$

所以，甲、乙总共有 8 种不同的吃橙子方法。

24. E。

在这个题目中，根据因果关系的特点，不同的结果应由不同的原因或条件所引起。所以，一旦指明了试点和推广时面对着不同的环境条件的，都有助于解释该现象。

25. 第一步：题干中提到赵不排在第一个位置上，可以让王排在第一个位置上，共有三种排法：

①王、赵、李、孙

②王、孙、李、赵

③王、李、赵、孙

第二步：孙排在第一个位置上，共有三种排法：

①孙、赵、李、王

②孙、李、赵、王

③孙、李、王、赵

第三步：李排在第一个位置上，共有三种排法：

①李、赵、王、孙

②李、孙、赵、王

③李、孙、王、赵

所以，赵、王、孙、李四个同学共有九种不同的排法。

26. 设三根宝石柱分别为：A、B、C，设 n 为将 A 上的铁片按上述规定全部移到 C 上所需要移动的最少次数，则 n = 1 或 n = 3

n = 3 时，即 A 上有 3 个铁片时，为了能将 A 上的最下面一个大铁片能移到 C 上，应先将 A 上的前 2 个铁片移到 B 上。根据 n = 2 时的结论，这样要先移 3 次，第 4 次就可将 A 上的最下面的大铁片移到 C 上，然后再将 B 上的 2 个铁片移到 C 上，借助 A，利用 n = 2 时的结论，又需移动 3 次，这样一共移了 7 次，即 n = 7。

以此类推，若当 A 上有 n 个铁片时，共需要移动 n 次才能将铁片全部移到 C 上，则当 A 上有 n + 1 个铁片时，为了将 A 上面的 n 个铁片先移到 B 上，根据假设为此需移动 an 次，这样在移动 1 次就可将 A 上的最下面的一个大铁片移到 C 上，然后将 B 上的 n 各铁片移到 C 上，这又需要移动次，于是一共移动 n = 2n + 1，（n∈N）次。

27. 分析：第一个月有一对兔子，第二个月开始时有两对兔子

（大、小兔子各一对），第三个月开始，新出生的小兔子刚长成大兔子还不能产仔，只有原来的一对大兔子产仔一对，共有 *2 + 1 = 3* 对兔子，它是第一、第二两个月兔子对数的总和。有第四个月开始时，除第三个月出生的一对兔子不产仔外，其余的两对兔子都能产仔，共产小兔子 *2* 对，与第二个月兔子的对数相同，因此共有 *2 + 3 = 5* 对，它等于第二、第三两个月兔子对数的总和。

那么，我们可以用 f (n) 表示第 n 个月初兔子的对数。因为第 n 个月开始时，除第 n－1 个月新生的兔子不能产仔外，其余的兔子，即在第 n－2 个月时已有的兔子都能产仔，而第 n－2 个月共有兔子数为 f (n－2) 对，故第 n 个月新生的小兔子共有 f (n－2)。

又因为第 n 个月的兔子是由两部分组成，一部分是在第 n－1 个月时已有的兔子，共 f (n－1) 对；另一部分是第 n 个月新生的小兔子，有 f (n－2) 对。因此，第 n 个月共有：

f (n) ＝ f (n－1) ＋ f (n－2) ①

公式①给出了连续多月兔子数之间的关系，我们称公式①为递归公式。

我们已经知道：f (1) ＝1，f (2) ＝2，当 n≥3 时，利用公式①可以计算出 f (n) 的值如下：

f (3) ＝1 + 2 = 3，f (4) ＝3 + 2 = 5

f (5) ＝5 + 3 = 8，f (6) ＝8 + 5 = 13

f (7) ＝13 + 8 = 21，f (8) ＝21 + 13 = 34

f (9) ＝34 + 21 = 55，f (10) ＝55 + 34 = 89

f (11) ＝89 + 55 = 144，f (12) ＝144 + 89 = 233

f (13) ＝233 + 144 = 377

若规定 f (0) ＝1，f (1) ＝1，由递归公式①可得到数列

1，1，2，3，5，8，13，21，34，55，89，144，233，377，……

那么一年后（即第13个月），张老伯可以拥有 *377* 对兔子。

28. 方法一：首先，由题干中可知，有40人不是甲县的，有38人

不是乙县的。那么，40人不是甲县的里面有乙县的，38人不是乙县的里面有甲县的，不是甲县的和不是乙县的摄影师个数是（40＋38－32）/2＝23（人）。

所以，一共有32＋23＝55人，乙县的人数是17人，甲县的人数是15人。

方法二：首先，设参加这次摄影展的摄影师的总人数是a、甲县人数为b、乙县人数为c。

其次，由以上可以得出：

①a－b＝40

②a－c＝38

③b＋c＝32

将三个式子等号的左边同左边相加，右边同右边相加得到：a－b＋a－c＋b＋c＝40＋38＋32 整理得2×a＝110，a＝55。

所以，参加这次摄影展的摄影师共有55人。

29. 第一步：甲可以A点为例，由A引出的5条对角线从左到右标号为1、2、3、4、5，这样甲就可以得到1种剖分方法。如图所示：

第二步：甲若从A点引出4条对角线，依次改变1、2、3、4、5号线，这样甲就可以得到5种剖分方法。如图所示：

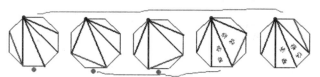

第三步：甲若从A点引出3条对角线，依次保留（1、2、3）；（1、2、4）；（1、2、5）；（1、3、4）；（1、3、5）；（1、4、5）；（2、3、4）；（2、3、5）；（2、4、5）；（3、4、5），这样甲就可以得到14

种剖分方法。如图所示：

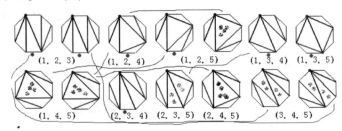

第四步：甲若从 A 点引出 2 条对角线，依次保留（1、2）；（1、3）；（1、4）；（1、5）；（2、3）；（2、4）；（2、5）；（3、4）；（3、5）；（4、5），这样甲就可以得到 4 种剖分方法。如图所示：

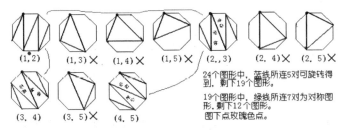

24个图形中，蓝线所连5对可旋转得到，剩下19个图形。

19个图形中，绿线所连7对为对称图形，剩下12个图形。图下点玫瑰色点。

所以，甲共有 12 种不同的剖分三角形的方法。

30. 第一步：把 A 寄的四张贺卡编号为：1，2，3，4。

第二步：把 A 的四个同事编号为：友1、友2、友3、友4。

第三步：由以上，可以先假设 1 号信是给 A 的同事友1 的，2 号信是给 A 的同事友2 的，3 号信是给 A 的同事友3 的，4 号信是给 A 的同事友4 的。

A 将贺卡装错的各种情况如图所示：

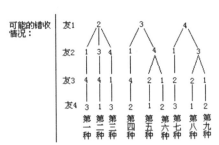

第四步：如图中所见的，第一种错收情况是友1得2号信，友2得了1号信，友3得了4号信，友4得了3号信。以此类推下去，可归纳为9种可能。

所以，A将贺卡装错的情况共有9种可能。

31. 第一步：从题干条件中可知，①）E/F；②J/K；③J→G；④F←M

第二步：由以上可以推知全部情况：EJGH；EKGH；FJGH；FJGM；FKGH；FKGM；FKMH。

如图所示：

E	J	GH	
	K	GH	
F	J	G	H
			M
		GH	
	K	GM	
		MH	

所以，四名队员可以共同参加比赛共有7种组合，足球教练挑选E或F队员参加不会得到其他五名队员的反对。

32. 由提示：每一个同学的猜测只对了一半，我们可以根据信息归纳出以下两种情况：

①刘涛、张亚、李文三个人均被清华大学录取。

②李文被北京师范大学录取，张亚被清华大学录取，刘涛被北京大学录取。

通过对照答案，没有三个人同时被清华大学录取的先项，正确答案只有选择A

33. 甲的弟弟是D，乙的弟弟是B，丙的弟弟是A，丁的弟弟是C。

由题知三人中，只有D的哥哥说的是真话，可推出乙说的是假话。

再根据乙的话，可得知丙也不可能是 D 的哥哥，所以，丙的话也是假的。

继而推出，甲一定是 D 的哥哥，甲说的是实话。即乙的弟弟是 B，丙的弟弟是 A。

34. A. a。即可组成的密码文字的总数是 1。自已知条件②、④、⑤可知，三个字母中 A 和 C 两个字母在这样的条件中是不可能有用场的。因此只有 B 一个字母可用；再根据已知条件③，可得知这样的密码文字只有 BB 一种。

B. 正确答案为 d。d 组中的密码文字明显违反已知条件④，但只要将 C 与前三个字母 DAB 任一位置交换即可变成一个完全符合条件的密码文字

35. 小李才是张先生的未婚妻。因为根据上面的条件可知，小孙和小赵的年龄档一定有三人，那么她们都是 20 多岁。剩下的小钱和小李就是 30 多岁。

同理又可推出小钱、小周都是秘书，小赵是教师，但她年龄不符。

所以，答案是小李。

36. 日的弟弟是 D，月的弟弟是 B，水的弟弟是 A，火的弟弟是 C。由题知三人中，只有 D 的哥哥说的是真话，可推出月说的是假话。再根据月的话，可得知水也不可能是 D 的哥哥，所以，水的话也是假的。继而推出，日一定是 D 的哥哥，日说的是实话。即月的弟弟是 B，水的弟弟是 A。

37. 首先，甲所配备的说法中"挑了赵、王、刘三人去"，很明显的这与④中所说的"王、孙两人都去或都不去"相互矛盾。所以甲的分配不合题意。

其次，丙和丁所说的与上述所列的③赵、钱、刘三人中要派两人去相互矛盾，所以丙和丁两人的分配也不合题意。

最后，乙所说的挑了赵、王、孙、刘四人去，与上述所列的人选

配备注意事项皆符合，所以乙的分配最符合题意。

38. 从题意中可以很快的做出归纳，因为三个女儿的年龄加起来等于13，那么就可以推出国王女儿的年龄分别是2、2、9，因为只有$36 = 6×6×1$，$36 = 9×2×2$这两种情况，题中国王所说的只有一个女儿的头发是黑色的，那三个女儿的年龄分别为9岁、2岁、2岁。

39. 首先，若是有一只病猫的话，当病猫主人检查了其余49只猫无病后，就会断定自己的猫是病猫，但是在三天后枪响了，所以并不是只有一只病猫。

其次，若是有两只病猫的话，那么两只病猫的主人会看到其他49只猫中有1只病猫，就会在第一天将其杀死，但却没有。

再次，若是有三只病猫的话，三只病猫的主人会看到其他49只猫中有2只病猫，也就是在旁人看来则会多一只病猫存在。到了第二天，三只病猫的主人发现村里还是没有病猫被杀，就会意识到病猫的总数大于2，也就知道了自己家里存在着病猫，所以，在星期三的时候把病猫杀死了。

所以，这个村里总共存在着三只病猫。

40. 泰勒声称他听到长颈鹿的嘶鸣后才被尸体绊了一跤，但长颈鹿根本不会发出嘶鸣。

41. 因为星野的酒杯中是两种酒，而现场只有一个酒瓶子，警方由此推定，在星野死亡时，有人来过，并带走了另一个空瓶子。所以，警方认定是他杀。

42. 史密斯神父是坐秋千越墙的。

身强力壮的林肯，抱起矮胖子的保安官，让他看了木板墙里面的情景。

"喂，那棵大树下吊着的是秋千吧。史密斯神父坐的就是那个秋千吧。当他使劲儿摆动的时候，背后射来一支箭，秋千的惯力将他顺势抛到前方，越墙摔到这边的田地里。"

"的确有道理。因此，尸体周围才没留下任何足迹。可是，又不

163

是小孩子，神父怎么会去玩秋千呢，太意外了。"

"即便是大人，一个人的时候，也会童心重现，高兴起来去玩秋千的。神父梦寐以求在此地建造教堂，过于高兴，便玩起秋千来。"林肯回答说。

43. 马丁声称自己是刚到现场的，但他却知道炭块已经凉到把手伸进去不会烫伤的程度。

44. 钱形银次看见被害人背上插着的那支箭直直地竖立着，认准此人便是凶手。

因为，如果那个姑娘是从台阶上滚下来的话，那么从高高的台阶上滚下来时，箭杆一定会折断的。一定是凶手把姑娘从台阶上推下来，然后再用手插上这支箭的。

45. 刑警想起当天中午现场所在地区曾下过雨。这样，当他看到敞篷车的车篷折叠着时就断定是移尸来此。因为下着雨，车篷是不应该折叠着的。

46. 凶手确实是阿江。他舅舅和陌生人都是围棋高手，从棋盘上看绝不会摆成一个不懂棋的残局。因此探长断定凶手只能是不懂下围棋的阿江。

47. 凶器是用冰做的锋利的短刀。凶手为了不使冰溶化，将其放入暖水瓶，再装入干冰，带进浴室。而且趁对方不备，突然行刺。

待尸体被发现时，由于蒸气浴的热气，冰做的短刀和干冰自然就溶化得一干二净。如果是柔软的腹部，即使是冰做的短刀，刺杀也是不成问题的。

48. 这个越冬队员是被偶然从宇宙飞来的陨石击中头部致死的。

地球上有无数陨石从其他天体坠落，它们以惊人的速度进入大气层，直到落下地表前几乎是燃烧着的。但也有不燃烧就落到地面的，仅日本就发现有100多颗陨石落地。明治15年，在滋贺县田山上发现的陨石重量达170公斤。

因此，陨石偶然击中人也是有可能的。

49. 弟弟回答："咱家只有这一块毛布，若全给了父亲，以后万一谁要用，还到哪里去找啊？"

哥哥不解地问："家中只有父亲一人，你还留给谁呢？"

弟弟说："留下一半给哥哥呀。"

哥哥更加糊涂了，看到弟弟一脸认真的样子，又不像是开玩笑，就又试探着问："为什么给我留一半呢？"

弟弟说："哥哥虽然现在年轻，但也会逐渐地衰老。等到哥哥60岁那一天，你的儿子也要叫你去守门。如没有你披的毛布，那该怎么办呢？"弟弟接着说，"我也一样，可惜，咱家只剩下半块毛布了。若到了儿子要我披毛布的那一天，真不知到去哪里找呢？"

听了弟弟的话，哥哥赶快把父亲接了回来，不看门了。

50. 彦一将一担青菜倒了出来，把两只空篮子在河里洗了又洗，然后指着湿漉漉的篮子对面粉店老板说："请给我装面粉吧。"

"彦一，你为什么要洗菜篮子呢？"老板问。

彦一笑笑说："篮子不干净，装上的面粉怎能吃呢？所以要洗一洗。"

其实，彦一洗篮子另有妙用。当面粉倒入湿篮子后，沾在篮子上的面粉受潮结成了饼，就堵塞了篮子的孔眼，面粉再也不会漏掉了。

51. 这是一桩黑吃黑的连环案。老板原来和那女人是同谋，要骗走珠宝商的钻石。他在关上客厅门后，就把钻石交给女人，让她从窗户逃走，然后，再在里面锁好窗子。为了应付珠宝商，老板自己把沾过麻醉药的毛巾放在鼻子下面，伪装成被女人麻醉，昏倒了，然后女人抢走了钻石。没想到秘书却在老板的计外又设了一计。在他撞开门后，趁着珠宝商在找钻石，用尼古丁针剂刺入老板手臂，把他害死了。原来，秘书同那女人是相好。他以为害死老板，杀人灭口，他同那女人就可以安稳地占有钻石了。

52. 该逃犯是混入了化装舞会，参加舞会的人以为他是化装成奇异的监狱囚犯，才热烈欢迎他的。

53. 它们把核桃扔在马路上，耐心等待汽车驶过去，把壳压碎，再去捡壳里的果肉吃。

54. 原来这孟加拉湾的兰里岛，是一个鳄鱼岛。岛上有几万只大鳄鱼。白天由于英日海军的一场炮战，鳄鱼都被吓得藏入了水中，入夜以后，随着潮水后退，一群群鳄鱼被岸上死伤士兵散发出的血腥气味引了出来，凶猛地向日军扑去。已经疲惫不堪的日军被突如其来的鳄鱼的进攻惊呆了。他们拼命用机枪、步枪向鳄鱼射击，但是顾了前面顾不了后面，打死了左边的，右边的又冲上来了。加之是夜间，看不清，人鳄整整混战了一夜，惨叫声和怒吼声混在了一起。最后，鳄鱼以压倒多数的优势，取得了这场大战的完全胜利。

55. 理发师给凶手染的头发，经过一个小时的化学变化，会由红色变成少有的绿色。绿色是最惹人注意的，所以抓他并不难。

56. 小伙子反问道："那你认识我吗？"

"不认识。"

"我就是本村的巫师。村里规定，我每个月说29天真话，说1天反话。今天正好是我说反话的日子。"

57. "马上，你只要等一会儿，咱们先给烤羊羔加点盐。那边，在小山谷里有岩盐，我上那儿去捧一点来。咱们把盐撒在羊羔上，然后我再让你自己滚蛋。"

"试试看吧。不过你得快点，我饿极了。"霍加急着想吃烤羊肉。

彼得下到山谷里，藏了一会儿，便喊了起来。

"哎呀，别打我，不是我。哎呀，是霍加偷了你的羊羔。那不，他就在上头呢。我去把他找来，你再问他吧？"

霍加听到喊声，跳起来，自言自语道："那个粗脖子财主会把我的骨头打得粉碎，趁他还没来，我快跑吧。"他鞋底抹油，一溜烟儿跑了。

彼得从山谷里上来，一个人把烤羊羔吃了。

58. 彼得平静地说："刚才，我的牛顶死了你的牛。"

"啊？等等。那可完全是另一回事了。"霍加就像被人烫着一样地弹了起来。

59. 扶梯子的肖尔忙说："说得对。汉斯，快把鹅取下来，明天早晨我们一起来送礼。"于是他们取下鹅拿走了。

60. 牧人阿里拿来一些薄木板，一些干马筋，用刀切削起来。第二天早晨，仆人们被音质润滑、曲调忧郁、如泣如诉的乐器声惊醒。他们看见阿里盘腿坐着，手里拿着一件他们从来没见过的乐器。细细的琴弦绷在上面，阿里用苍老的手指拨弄着它们，乐器在他手中唱着，就像人唱一样。"现在，我们去见可汗。"老牧人说。

阿里走进可汗的丝绸帐篷，恐惧的仆人们紧紧地靠在他身旁。

"你给我带来胡萨英的消息了？"可汗高声问。

"是的，伟大的可汗。"阿里回答。说着，就用自己夜里做成的乐器演奏起来。琴弦哀叹、哭泣。可汗的丝绸帐篷的篷盖下似乎传出了森林的诉怨声，风的呼叫声夹杂着野公猪的嚎叫声，恳求救援的人声，随后是野猪的嚎叫，接着又是森林的诉怨……

音乐把发生的事情叙述得一清二楚。可汗从地上跳了起来，急吼道："你给我带来的是胡萨英死亡的消息吗？你可知道，我已有过话，要用热铅水浇灌带回不幸消息的人的喉咙吗？"

"可汗。"老牧人从容不迫地回答说，"我没说一个字。你如果生气，就惩罚我的冬不拉这件乐器吧。"

可汗在暴怒和痛苦之下，真的命令把热铅水泼在冬不拉上。

就这样，老牧人凭着自己的机智和手艺，拯救了可汗10个仆人的性命。

61. 布阿里说："请陛下吩咐在后宫的浴室里升起火来，并把王后领到那里去，然后再说怎么办。"

浴室里生起了火，王后也被带到了那里。于是布阿里叫一个女仆穿上男装，粘上胡须。"你到浴室去。"布阿里对她说，"进了浴室就直朝病人走去。"

女仆遵命照办。在浴室里，王后突然看见进来一个男人，惊恐万状，以为布阿里想污辱她。她用一只手撑住地面，很快跳了起来，女仆抓住她的手，两人扭打起来，王后拼命想挣脱逃走，女仆却拖住她不放，要把她往怀里拉。就这样，由于惊恐的刺激和扭打，王后瘫痪半边的身子复苏了，病也好了。

62. 其实狮子根本不可能"微笑"，因为它不会笑。在高等哺乳动物中，只有人类和猿类有面部表情，其他动物都没有。所谓的狮子"微笑"，实际上是它在打喷嚏。

这是一桩谋杀案，利用狮子巧妙犯罪。

凶手在女驯兽师的头发上撒了刺激性很强的药，狮子闻到后便打喷嚏，没想到咬了刚好伸进口的驯兽师的头。

63. 几天后，英法联军在充分准备后，开始实施敦刻尔克大撤退计划。德军的坦克群穷追不舍，气势汹汹。英法联军把敦刻尔克与加来之间的水闸全部打开，顿时，汹涌澎湃的洪水出现在德军面前。坦克群不得不寻找高地暂停。一天后，德军坦克群小心翼翼地驶入洪水泛滥过的田野。这时英法联军打来一阵炮弹，田野顿时燃成一片火海。德军坦克纷纷着火，一些坦克停止前进，更多的坦克在令人窒息的浓烟大火中栽进了运河……

原来，英法联军运用那位将军谋划的"酒精战"——在田野里洒进了几千加仑的工业酒精，酒精随炮火爆炸燃烧起来，使德军的坦克受到了重创。

64. 那封信是这样写的：

信州大将军阁下，您所要的宝石，我们好不容易找到了，现派人携带宝石敬呈阁下，望查收。希望给携带者按信付酬150两。

肥后国大臣滨国右卫顿首

大汉见了这张信，心中大喜，忙带着这一包袱石头，前往信州送"宝石"领赏去了。

65. "把一条大红龙虾放进锅里"，这是谎言。因为龙虾煮过后才变成红色，弗伦茨不会把熟的龙虾再煮一次。

66. 海鸥是逆风起飞的。海鸥起飞时足迹的方向证明风是从大海吹向陆地，而不是从陆地吹向大海。所以那张邮票决不会被穿堂风吹进大海。

67. 孩子答道："我爸爸去找人借钱是还你的债，这不是挖洞堵窟窿吗？妈妈上星期借了人家的面包，今天在厨房里烤面包还人，这些面包不是上星期吃的吗？姐姐去年结婚很快乐，现在姐夫死了，她哭天喊地，不是在哭去年的欢乐吗？哥哥翻种长着苜蓿的地，播种干枯的种子，不是在埋葬活的东西让死的东西复活吗？我叫住狗别咬你，不是在保卫你的大腿吗？要是你不信守诺言，不把借据撕掉，就得小心你的大腿。"

绅士只好把借据撕掉了。

68. "不，你看。"守财奴得意地说，"我的鞋夹在我的腋下哩。"

"老爷，您想得真周到。"仆人说。

"用不着你来教育我节省钱财。"守财奴说着，又回头上路了。

69. 弟弟查理的血型不是 AB 型。因为其父的血型是 O 型，其母的血型是 AB 型，儿子的血型只能是 A 型或 B 型。所以查理不是凶手。西兹跟玛丽是假离婚，目的是预谋以彼得的遗腹子的名义夺取财产。西兹是凶手，玛丽是帮凶。

70. 彦一从餐桌上拿起一块鱼，扔给那两只猫。开始它俩都跑了过来，可是两只猫无法分食一块鱼呀，于是有一只猫就守在一边，让另一只猫津津有味地吃起来。彦一于是说："正在吃鱼的是小猫，守在一旁的是母猫。对吗？"

传卫兵在事实面前，只得承认彦一说的是正确的，并夸他聪明。

彦一说："这其实很简单，因为动物和人一样都有'母性'。母猫爱护小猫是一种天性，所以它甘心饿肚子，也要让小猫吃个痛快。"

71. 舍莱恩摇摇头对他说："同学，您的确没有洁癖，这很好。但是，你同样也没有观察力。你并没有发现，刚才我把中指浸入小杯里，而舔的却是无名指。"

72. 这个客人假装洗酒杯，有意将酒杯掉入河中。船夫十分惋惜，客人乘机说："这是铜的，我哪有金杯，丢了不可惜。"

73. 经理对旁边的店员说："你来一个倒立给这位客人看看。"

这样，这个人就成了肚脐眼生在脚下面的人。

74. 劳格说："我在听小树说话。它在哭，因为你们都快把它的根摇断了。"

孩子听了，一个个都低下了头，不再摇晃小树了。

75. "是这样的，将军。"译员有礼貌地回答，"你的笑话，我想并不那么容易使人领会其中的妙处，所以我只对他们说：'刚才这位将军讲了一则妙趣横生的笑话，务请各位大笑一阵，以示友好。'"

76. 柯雅德希说："只是我把对手的名片同鹅一起寄去了。"

77. "不，警官先生，那是因为给我引路的狗直往后退的缘故。"

原来警官用警棍打了这条狗。

78. 卡特的意思是我已经无能为力，还是另请高明吧。

79. 动物学家经过考查和研究，才恍然大悟。原来在非洲象吃的植物中，硝酸钠盐的含量太少，而在这些山洞的岩石里，这种矿物质的含量却很高，大约为这个地区植物含盐量的100多倍。非洲象之所以吞食岩石，就是为了补充食物中缺乏的这种盐分，尤其是在干旱的季节里，躯体庞大的非洲象会大量出汗和分泌唾液，体内的盐分消耗较多。

80. 据记载，到目前为止，同一父母生的子女中，生日相同的最高记录是4人，5个子女相同生日的概率是一百七十八亿分之一。

81. 厨师回答说："夫人，这菜不是我做的，是我打发人去他家把晚饭拿过来的。"

82. "别生气，那里本来是个足球场。"

83. 盗马贼改口说："右眼是瞎的。"老人把右眼也放开，原来右眼也是好的。盗马贼慌了要跑，就被老马夫叫人把他抓住了。

84. 美国洛杉矶双熊猫饭店的两个机器人当上了服务员，他们是日本生产的，取名唐博一号和唐博二号。机器人在饭店为顾客服务，在世界上还是首次。东京的 5 个机器人干着类似的工作，可是不在饭店里。机器人的体重为 84 公斤，能提起 20 斤的重物，时速 8 公里，充电一次，可行 30 公里，价格 1 万元，包括确定机器人的工作内容和使用语言的装置费。它们需懂英、西、日 3 种语言。如需要，也可能让它们讲其他语言。

双熊猫饭店经理眉开眼笑地说："机器人引起了人们的好奇，好奇使饭店顾客盈门，生意兴隆。"

它们能同顾客对话和聊天，还能边说边学，把听到的新鲜事记下来，丰富谈话内容。

85. 舱下的海水早已不是原有混杂着船底黄锈的颜色了，它还有一片片鲜红的血色。在几台抽水机的轰鸣声中，船舱的海水渐渐被抽去。

突然，人们被眼前所看到的事情惊呆了。一条巨大的鲨鱼呈现在人们眼前，它那庞大的身躯正好塞在被礁石撞开的大洞里，躯体将洞口堵得严严的，与洞口接触处的躯体上，还在向外渗着鲜红的血，鲨鱼已经死了。

大家终于明白谁是救命恩人了。望着这只已经死去的鲨鱼，人们久久不愿离去。"全体立正，敬礼。"老船长以沉痛的心情下着口令，几十只大手随之举了起来……

86. 出版商大做广告："现有令总统难以下结论的书，欲购从速"。居然又被抢购一空。总统哭笑不得，商人大发其财。

87. 他说："这很简单。如果在襁褓中是个小姑娘，长大后一定是个妇女；如果是个小男孩，长大就会是个男子汉。"

88. 翻开曲簿一看，里面竟夹着几张可救燃眉之急的钞票。

89. 纸条上写着："由于罗素先生已死，他无法接受采访。"

90. 因为菲律宾的法律规定禁止在合法地方以外赌博。所谓的合法地方是指领有牌照的赌场、赛马场、斗鸡场及国力球场等，其他地方一律禁赌。但是菲律宾的民间葬礼习俗要在棺木旁边玩纸牌，赌徒于是利用这种习俗，从医院租回死尸，假意守夜，乘机狂赌一番。而警察对丧家在守夜时赌博唯有眼开眼闭，以示对死者的尊敬。

91. 实事求是，谦虚谨慎，不以伟人自居。

92. 后来经人指点，她才知道犯了西方人的大忌。原来在给西方国家的住院病人送花时，红花表示吉利，而白花代表凶兆，红白相间的花最不吉利。她没想到，几枝白丁香竟帮了她一个倒忙。

93. 史密斯进行了化验，原来蚂蚁嘴里呕吐的液体，原系一种蚁酸，也就是叮咬人的肌肤引起疙瘩的"毒液"。

94. 那个军官接着说："我在 3 个小时前就阵亡了。"

95. 第三个弟子吸取前两位的教训，当他走到 1/3 时，即分出大、中、小 3 类，再走 1/3 时，验证是否正确，等到最后 1/3 时，他选择了属于大类中的一支美丽的麦穗。虽说这不一定是最大最美丽的一支，但他满意地走完了全程。

96. 小女孩把地毯的一端卷起来，逐渐接近王冠，最后她一伸手就拿到了王冠。

大家都夸小女孩聪明。

97. 舍林格灵机一动，他拿起小提琴，从容悠然地拉起了宁静、优美的抒情小夜曲。

一下子，惊慌失措的人们被他悠扬的乐曲所打动、吸引，顿时安静下来，不再喊叫，全部静静地听他的演奏，局面马上稳定下来。

不久，消防队员赶到。由于现场井然有序，很快就扑灭了大火，旅客们安然无恙地回到楼上睡觉。

98. 安莉突然从身后拔出手枪，把银白色的发套甩掉，露出了乌亮的长发。她厉声说道："我就是玛丽·格拉茨警长，举起手来!"

门悄悄打开，从外面走进来两个警察，他们是警长的助手。按照女警长的命令，警察逮捕了两个歹徒。望着眼前这位身材修长的 30 多岁的格拉茨女警长，两歹徒仿佛碰上了一个女巫。为了诱捕那两个一贯抢劫老人财物的歹徒，她化装成一个真假难分的老太太。行动前，她先在报上登了一条消息：富裕的安莉太太出走了，在安莉太太出走的同时，放在家里的信用卡和支票不翼而飞。贪婪的歹徒信以为真，盯上了这个改头换面的女警长。她只开了一个小小的玩笑，就抓住了歹徒。她曾2000多次用化装计谋，使歹徒们成了瓮中之鳖。

99. 丙与网球冠军赛的是象棋，与象棋冠军赛的是网球。

100. 星期六去，"口"为"周"字末；带点心，"口"为"点"字中心。

101. 兄弟3人各干各的。结果，井还没挖好，他们都渴死了。

102. 原来那少妇的丈夫因为破产，昨天跳楼自杀了。吉祥数字并不吉祥。

103. 原来，这位观众是位医生，曾经给黑猩猩菲菲打过针。当时，它不肯挨针，曾经闹过，而且还记着这一针之仇。

104. 第一张照片，表示他是超级大国美利坚合众国的总统；第二张照片，表示议会拥有对布什的制约权；第三张照片，表示他虽贵为总统，还要顾及社会舆论的影响；第四张照片，表示中美之间有点风波，但无伤大局；第五张照片，表示只要诚心相待，中美关系前景是好的。

105. 小兔子说："大王呀，今天我和其他5只小兔子被派来供你享用，不料走到半路上，又有一只狮子从大山洞里爬了出来，对我们说'你们到哪儿去呀？要记住我是你们的保护神。'于是我就说：'我们是送给我们的主子曼陀末底当食物的。'于是它大怒道：'这片森林是我的，你们应当对我来履行协议。那个曼陀末底像个贼，你去把它叫来，我要与它比试，谁的力量大，谁就称王。'它把其它5只兔子留在那里，让我来告诉你，请主子明察。"

曼陀末底听了这话，气得暴跳如雷，吼叫道："浑蛋。"快带我去见那强盗狮子，我要让它尝尝我的厉害。小兔子将曼陀末底带到一口井旁，说道："大王呀。那家伙就躲在里头，您、您可要小心呀。"狮子走到井边，看到自己在水中的影子，便发出了一声怒吼。由于回音的缘故，井里传出了更加强烈的吼声。听到这声音，曼陀末底更愤怒了，它猛地一扑，蹿进了井里。井很深，从此就再也没能爬出来。小兔子跳着舞高高兴兴地回去了。

106. 走电失火决不能用水灭火，只能用喷射四氯化碳或二氧化碳的灭火机灭火。会计说自己是用水把火扑灭的，又肯定说火灾系走电引起，这显然违反常规。

107. 李叔叔说："谁把大队长标志丢了？"少先队大队长禁不住用手摸口袋，这样李叔叔就认出了大队长。

108. 乔二保虚惊一场，如释重负，开车过了"鬼门关"，将货送达目的地后又立即返回。不觉又回到了"鬼门关"。乔二保见橡皮警察还像刚才那样立在路旁摆手，心里又气又恨又好笑，他正要开过去，忽然又想起了什么，磨磨牙索性停车下来，朝旷无一人的四周打量了几眼，干脆拽起那玩意儿，"扑通"摔在路中央，然后他跳上车，启动车子，刚要走，车前忽然红灯一闪，那个"橡皮警察"竟站了起来。他十分威严地朝路边摆摆手喊道："把车靠过去，靠过去。"乔二保停下车定神一望，不由倒吸一口凉气：天呀，这可是个真警察呀。

109. 两条白绸带上的字刚好组成"认贼作爹"4个字。

110. 怪盗窃得梵高名画时，将一幅真伪难辨的赝品镶到了画框内。

因为赝品精致逼真，美术馆的工作人员都没有察觉。两周后，有眼力的美术评论家及画商前来参观，才发现是赝品，而真品早已被盗了。

111. 周恩来不屑一顾，他对着这个国民党特务冷冷地说："我不是国民党员，没有资格向党旗行礼。"这幽默的回答，饱含着辛酸的讽刺，不是刀枪的反击，却又是那样地斩钉截铁，听了真使人感到无比痛快。

112. 将军端着酒杯，在人们目光的注视下，一步步走向坐在角落里的一位不起眼的驼背老头，恭恭敬敬递上这杯酒，说道："您是我的启蒙老师。在我还是一个不懂事的顽童的时候，是您把我领上了人生之路，没有您的启蒙，便没有我的今天。"

原来，将军把这一杯酒敬给了他的第一位老师。

人们愣了片刻，随即爆发出了热烈的掌声。

113. 伍大希响亮地回答："可是你们当初并没有写收条啊。"这个巧妙的回答，使反动派无话可说，不得不无条件地放他们出狱了。

114. 这孩子在碗里盛上各种好菜，把饭盖在上面端给他，而别人的碗里，都是饭在下面，菜在上面。

大家都吃饭了，只有这个星相家瞪着眼生气，一口不吃。

孩子问他说："您怎么不吃饭呢？"他怒气冲冲地答道："因为你们待人不公平，别人的碗里都有菜，可我的碗里没菜，叫我怎么吃？"

孩子笑着反问说："您眼睛能看见5万里以外的猴子掉在河里，怎么没看见眼前的饭底下有菜呢？"

星相家受了奚落，又羞又恼，连饭也没吃就走了。

115. 小商人说："你等一等，让我先把裤子提起来。""咱们不是摸黑坐着吗，我心想，可别把裤子磨破了。"说完，客人提起他的裤子。

116. 隔了几天，毛润之对大家说："我想了一个办法。我们不再个人干个人的。咱搭起伙来，留几个人专门给大家放牛，其余的人去打猪草，挖野菜。最后，猪草、野菜平均分摊。这样，在同一个时间里，牛有人看管，又能分到草和菜，腾出时间在一块讲故事。"

小朋友们一听，非常赞成这个办法。分工合作，果然解决了问题。

117. 保加利亚人的习惯是：摇头表示对，点头表示不对。所以阿明弄错了。

118. 孩子撅起嘴巴，说："不是你让回家学习（打扑克）的吗？"

119. 他明白了，世界上的智慧是无穷无尽的。要把全世界的智慧

都搜集光，这是白费劲。于是，他把那个装智慧的葫芦往地上一扔，葫芦摔破了。

120. 这个人只要站在 A 与 B 任何一条路上，然后，对着其中的一个人问："如果我问他（甲、乙中的另外一个人）这条路通不通向京城，他会怎么回答？"

如果甲与乙两个人都摇头的话，就往这条路向前走去，如果都点头，就往另一外一条走。

121. 小张是商人，小赵是大学生，小王是士兵。假设小赵是士兵，那么就与题目中"小赵的年龄比士兵的大"这一条件矛盾了，因此，小赵不是士兵；假设小张是大学生，那就与题目中"大学生的年龄比小张小"矛盾了，因此，小张不是大学生；假设小王是大学生，那么，就与题目中"小王的年龄和大学生的年龄不一样"这一条件矛盾了，因此，小王也不是大学生。所以，小赵是大学生。由条件小赵的年龄比士兵的大，大学生的年龄比小张小得出小王是士兵，小张是商人。

122. 假设丙做对了，那么甲、乙都做错了，这样，甲说的是正确的，乙、丙都说错了，符合条件，因此，丙做对了。

123. 假设小丽的鞋子是黑色的，那么三种看法都是正确的，不符合题意；假设是黄色的，前两种看法是正确的，第三种看法是错误的；假设是红色的，那么三句话都是错误的。因此，小丽的鞋子是黄色的。

124. 是老三偷吃了水果和小食品，只有老四说了实话。用假设法分别假设老大、老二、老三、老四都说了实话，看是否与题意矛盾，就可以得出答案。

125. 丙说谎，甲和丙都拿了一部分。假设甲说谎的话，那么乙也说谎，与题意不符；假设乙说谎，那么甲也说谎，与题意不符。那么，说谎的肯定是丙了，只有甲和丙都拿零钱了才符合题意。

126. 1 号屋的女子说的是真话，夜明珠在 3 号屋子内。假设夜明珠在 1 号屋内，那么 2 号屋和 3 号屋的女子说的都是真话，因此不在 1

号屋内；假设夜明珠在2号屋内，那么1号屋和3号屋的女子说的都是真话，因此不在2号屋内；假设夜明珠在3号屋内，那么只有1号屋的女子说的是真话，因此，夜明珠在3号屋里内。

127. 芳芳。假设玲玲说的是实话，那么，芳芳说的也是实话了，与题意不符；假设芳芳说的是实话，那么玲玲说的也是实话了，与题意不符。因此，两个人都没有说实话，把她们两个人说的话反过来就会发现，芳芳的成绩好。

128. 小丽买了帽子，小玲买了手套，小娟买了裙子。

129. 假设老鼠A说的是真话，那么其他三只老鼠说的都是假话，这符合题中仅一只老鼠说实话的前提；假设老鼠B说的是真话，那么老鼠A说的就是假话，因为它们都偷食物了；假设老鼠C或D说的是实话，这两种假设只能推出老鼠A说假话，与前提不符。所以a选项正确，所有的老鼠都偷了奶酪。

130. 如果甲是A国人，说的是真话，问甲："如果我问乙哪条路是安全之路，他会指哪条路？"他指出的乙说的路就是错误的，另一条路就是正确的。

如果甲是B国人，说的是假话同样的问题问甲，因为乙说真话，甲会和乙的答案相反，那么另一条路就是正确的。

131. 若这个人是B队的，则找到的人是A队的，那人会说在讲台西，而这个人会说在东；若这个人是A队的，找到的是A队的，会说在西，若这个人是A队的，找到的是A队的，会说在西；若找到B队的，他会说在西，结果还是说西，所以只要说西，这人一定是讲真话那一队的。

132. 根据上述中的假设，（1）和（2）中能适用于实际情况只有一个，同样，（3）和（4），（5）和（6），也是一样的情况。

根据上述中的结论，（2）和（5）适用于实际情况的可能不太大。因此，能适用于实际的情况，有以下几组中的一组或多组：

A. （1）、（4）和（5）

B. （1）、（3）和（5）

C. （1）、（4）和（6）

D. （1）、（3）和（6）

E. （2）、（4）和（6）

F. （2）、（3）和（6）

假如选项 A 能适用于实际情况，则根据（1）的结论，凶手是男性；根据（4）的结论，受害者是女性；可是根据（5）的假设，凶手与受害者性虽相同。因此 A 不适用。

假如选项 B 能适用于实际情况，由假设可知，凶手与受害者有亲缘关系而且职业与性别一样。这与每个家庭的组成情况不相符，因此 B 不适用。

假如选项 C 能适用于实际情况，则根据有关的结论，凶手是男性，受害者是个女性医生。又根据（1）和（4）的假设，凶手是律师，凶手与受害者有亲缘关系，这与各个家庭的组成情况不相符，因此 C 不适用。

假如选项 D 能适用于实际情况，则根据（1）的结论，凶手是男性，根据（3）的结论，受害者也同样是男的，又根据（6）的假设条件，凶手与受害者的性别不一样。因此 D 不适用。

假如选项 E 能适用于实际情况，则根据（2）的结论，凶手是医生；根据（6）的结论，受害者也是医生，又根据（4）的假设条件，凶手与受害者职业不一样。因此 E 不适用。

所以，根据以上的推论，只有 F 能适用于实际情况，凶手是医生，受害者是男性医生，根据组成的情况，凶手是女性。又根据各个家庭的组成情况，凶手必定是小蒂，（2）的假设则说明，受害者是小刚。而且，（3）的假设和（2）、（6）的论相符合。

133. 小王是这样得出答案的：对题目中所给的条件进行分析，假如把全体员工的人数扩大2倍，则它被5除余1，被7除余1，被11除余1，那么，余数就相同了。假设这个企业员工的人数在3400－3600

之间，满足被5除余1，被7除余1，被11除余1的数是$5 \times 7 \times 11 + 1$ $= 386$，$386 + 385 \times 8 = 3466$，符合要求，所以这个企业共有1733个员工。

134. 158个小朋友。10个小朋友拿到梨和苹果最少人数是（2 + 1）×（4 + 1）×（10 - 1）+ 1 = 136人，然后从左右两端开始向外延伸，假设梨和苹果都拿到的人为"1"，左右两边的延伸数分别为：$3 \times 5 - 3 = 12$人，$3 \times 5 - 5 = 10$人。所以，总人数为$136 + 12 + 10 =$ 158人。

135. 第一种桌子的单价是1300元，第二种桌子的单价是900元，第三种桌子的单价是1800元。假设第一种桌子的价格减少400元，那么，第一种桌子就与第二种桌子的价格相同了，这时，将总价格减少400元，就变以成3600元了，3600元是4个第二种桌子的总价格。$3600/4 = 900$元，$900 \times 2 = 1800$元，$900 + 400 = 1300$元。

136. 假设这些陶瓷花瓶都没有破，安全到达了目的地，那么，运输公司应该得到2000元的运费，但是运输公司实际得了1760元，少得了$2000 - 1760 = 240$元。说明运输公司在运送的过程中打碎的有花瓶，打碎一个共瓶，会少得运费$1 + 5 = 6$元，现在总共少得运费240元，从中可以得到一共打碎了$240/6 = 40$个花瓶。

137. 第一堆苹果有45个，第二堆苹果有27个。假设第一堆苹果与第二堆苹果的5/9都分给了哥哥，那么哥哥所得的苹果就是总苹果数的5/9，这样哥哥就分到$72 \times 5/9 = 40$个苹果，但实际哥哥分到了$72 - 39 = 33$个苹果，由此推断分给哥哥的苹果，第一堆苹果少分的是第一堆苹果的5/9 - 2/3，正好与$40 - 33 = 7$个相对应。因此，第一堆苹果有（40 - 33）×（5/9 - 2/3）= 45个，第二堆苹果有$72 - 45 =$ 27个。

138. 假设B说的是事实，则C就是d的姐姐，按D的依据就是C也为真，那么出现有两个人说的是事实，与题意矛盾，所以B说的不是事实，同时也知道C不是d的姐姐，则BC的话都是假的，所以只有A说的是真话，则A就是d的姐姐，A说B的妹妹不是a，又不可能是d，所以B的妹妹只可能是b或c，根据C的假话知道D的妹妹就是c，B的妹妹就是b，最后C的妹妹就是a。

139. 假设是下午，那么瘦的说的就是真话，但是到底谁是姐姐就无法确定了。所以不可能是下午。那么就是上午，此时姐姐说真话，而胖的说是上午，所以胖的是姐姐，瘦的是妹妹。

140. 假设第一个木牌是正确的，那么第一个小木牌所在的路上就有宾馆，第二条路上就没有宾馆，第二句话就该是真的，结果就有两句真话了；假设第二句话是正确的，那么第一句话就是假的，第一二条路上都没有宾馆，所以走第三条路，并且符合第三句所说，第一句是错误的，第二句是正确的。

141. 首先分析，兄弟两个必定有一个人说真话，其次，如果两个人都说真话，那么今天就是星期日，但这是不可能的，因为如果是星期日，那么两个人都说真话，哥哥就说谎了。

假设哥哥说了真话，那么今天一定就是星期四，因为如果是星期四以前的任一天，他都得在今天再撒一次谎，如果今天星期三，那么昨天就是星期二，他昨天确实撒谎了，但今天也撒谎了，与假设不符，所以不可能是星期一、二、三。由此类推，今天也不会是星期五以后的日子，也不是星期日。

假设弟弟说了真话，弟弟是四、五、六说谎，那么先假设今天是星期一，昨天就是星期日，他说谎，与题设矛盾；今天星期二，昨天就是星期一，不合题意；用同样的方法可以去掉星期三的可能性。如果今天星期四，那么他今天就该撒谎了，他说昨天他撒谎，这是真话，符合题意。假设今天星期五，他原本应该撒谎但他却说真话，由"昨天我撒谎了"就知道不存在星期五、六、日的情况，综上所述，两个结论都是星期四，所以今天星期四。

142. B。因为游戏规则是"夫妇两个不能一组"，同样的，"没有一个女人同自己的丈夫一组"。对照以上原则，已知Jack跟Lily一组，所以 Jack 和 Lily 不能是夫妻，D 选项不符合题意；再假设 A 正确，Jack 跟 Lily 一组，那么剩下的两组只能是 Tom 和 Sara，Henrry 和 Linda，对照题目已知"Tom 的队友是 Henrry 的妻子"发现，Tom 的队友 Sara 是 Jack 的妻子，于是假设不成立，A 不符合题意；同样的道理，假设 B 正确，已知 Jack 跟 Lily 一组，剩下的两组就是 Tom 和 Linda，Henrry 和 Sara，再对照已知"Tom 的队友是 Henrry 的妻子"和"Linda 的丈夫和 Sara 一组"发现完全吻合，因此假设成立。所以 B 符合题意；假设 C 成立，那么已知 Jack 跟 Lily 一组，剩下的两组就是 Tom 和 Sara，Henrry 和 Linda，再对照已知条件"Tom 的队友是 Henrry 的妻子"发现，Sara 不是 Henrry 的妻子，因此，假设不成立，选项 C 不合题意。

143. 先假设韩克正确，冠军不是美国就是德国。如果正确的话，不能否定张乐的看法，所以韩克的评论是错误的，因此冠军不是美国或者德国；如果冠军是巴西的话，韩克的评论就是错误的，张乐的评论也就是错误的，李锋的评论就是正确的。假设法国是冠军，那么韩克就说对了，同时张乐也说对了，而这与"只有一个人的看法是对的"相矛盾。所以英国不可能是冠军，巴西获得了冠军。

144. 假设他是 B 部落的，则与他不认识的乙则为 A 部落的，则甲说假话，那么甲回来说的："他说他是 A 部落的人"这句话应该反过来理解为：乙是 B 部落的，这就矛盾了；假定甲 A 部落的，则他的话为真，并且与他不认识的乙应该是 B 部落的，那么乙说的就是假话。所以甲回来说："他说他是 A 部落的人"，正好证明乙是 B 部落的，因此这个假设成立。所以甲是 A 部落的。

145. 假设甲说的第一句话正确，那么 B 是陕西，戊的第一句话就是错误的，戊的第二句话就是正确的，C 是陕西就不符合条件。甲说的第二句话正确。那么 E 就是甘肃。戊的第二句话就是正确的，C 是陕西。同理便可推出 A 是山东，B 是湖北，C 是陕西，D 是吉林，E 是甘肃。

146. 假设 1 元的人民减少 4 张，那么这三种人民币的总和就是 60 − 4 = 54 张，总面值就是 200 − 4 = 196 元，这样 1 元和 2 元的人民币数量相等，再假设 56 张全是 5 元的，这时人民币的总面值就是 5 × 56 = 280 元，比先假设的多 280 − 196 = 84 元，原因是把 1 元和 2 元都当成了 5 元，等于是多算了 5 × 2 − （1 + 2）= 7 元，84 ÷ 7 = 12 张，由此就可以知道是把 12 张 1 元的和 12 张 2 元的假设成了 5 元，所以 2 元的有 12 张，1 元的有 12 + 4 = 16 张，5 元的就有 32 张。

147. 选 C。假设同学甲 "第三题是 A" 的说法正确，那么第二题的答案就不是 C。同时，第二题的答案也不是 A，第五题的答案是 C，再根据同学丙的答案知道第一题答案是 D，然后根据同学乙的答案知道第二题的答案是 E，最后根据同学丁的答案知道第四题的答案是 B。所以以上四个选项第三个选项正确。

148. 4 个朋友应该先是小飞，再下来是小红，接着是小兰，最后是小玲。

149. 因为开往郑州的车是 4 辆编组，而开往北京的车则是 6 辆编组。

150. 小黄推销的产品是手表。

151. 先给两名伤员做手术，然后把用过的一副手套反套在另一副上。这样 "新手套" 的里外面都是未曾感染的了。

152. 小红说：我只是把肉吃了，可你们连骨头都吃光了。

153. 王科长只说了一句："你们看，大队长同学怎么样了？" 因此，所有队员都集中目光去看大队长，王科长便马上认出谁是大队长了。

154. 点数的猪娃娃都没将自己本身数上，其实一个也不少。

155. 10 只手有 50 根指头。

156. 小军送给小兵的礼物是一个足球。

157. 那个人是个盲人，在黑暗中照样能够应付，在雾中也一样。

158. 树上只有一只苹果，树上一只猴子都没有，猴子都在地上打起架来了。

159. 还有 5 个。

160. 灵灵先用右手画圆，再用左手画正方形，当然画得好喔!

161. 这个窗户中一共有 14 个正方形。

162. 小明在碗里装上各种好菜，把米饭盖在菜上面端给阴阳先生。阴阳先生一看自己的碗里没有菜而别人都有，就一脸不高兴。小明对那阴阳先生说："你看见碗底了吗?"阴阳先生说："没有看见。"阴阳先生的谎言就不攻自破了。

163. 老板辞退的是陈叔叔，因为他需要的雇员是洪叔叔那样诚实的劳动者。

164. 原来，画家在墙上画了几条逼真的裂缝，买主看到墙上有几条裂缝，就不愿意买房子了。

165. 这个人是一个死人，这是一辆灵柩车。

166. 乌龟把头一缩，四肢和脑袋缩进龟壳里，就向山下滚去，又赢得了这次赛跑的胜利。当然乌龟壳要硬哟，否则就得粉身碎骨喔。

167. 越洗越脏的东西是水。如洗衣服时，水越是洗到最后越脏。

168. 9 字去尾为 0，6 字去头是 0，8 字去一半仍是 0，所以，这次打猎是一无所获。

169. 没有变化。因为空中飞翔的小鸟体重是空气支撑着的。

170. 包公叫人把两家的羊群一起赶来，把这只羊放开，这只羊跑到哪家的羊群中，羊就是哪家的。

171. 机长用斧头将飞机驾驶舱的门劈开后，才平安度过了一场灾难。

172. "三思（撕）而后行"，这个同学用行动说明他猜中了。

173. 警察和小孩的关系是母子关系。

174. 因为这些来自不同地方的人都是中国人而不是外国人，所以，小张能够顺利地完成这次导游任务。

175. 一共有 9 只公兔，1 只母兔，第九只是母兔子。

176. 那位幸存者的职业是驾驶员，只是在此次交通事故中他是一名普通乘客。

177. 老者让他们交换坐骑，这样让自己的马晚到变成了让对方的马先到，所以，两位皇子拼命地奔跑起来。

178. 小王的车牌号码是9317。

179. 把竹竿移到附近的井口，把它放到井里去，就可以取到竹竿上的好酒了。

180. 这人说了一个"屁"字，意思是"放也由你，不放也由你。"屁当然是放了为好，所以，官员把他放了。

181. 营业员说："小姐，你母亲的款你还没付呢？"

182. 这一位学生画了一座城楼，城门口的战马刚露出半个头，一面"帅"字旗斜出。虽然没见一兵一卒，但千军万马可想而知了。

183. 朱朱说的是："让我尝一尝这条鱼，我就能知道这是一条什么鱼了。"

184. 心理学教授说："因为我的这本著作尚未出版。"

185. 张工程师用木板钉了一只长宽高均为1米的木箱，然后将钢坯斜角放进去，因为1米的立方体它的对角线超过1.7米。

186. 星期一的《早报》上不可能登"周末游艺宫"，可见这个人是在撒谎。

187. 他看到的是一头被轧死的驴子，怎么能不脸红呢？

188. 弟弟把大坛子敲碎，装进小坛子里面。

189. 佣人说："瓶子里有酒任何人都能喝，只有从空瓶子里喝出酒来，那才算是能干啊！"

190. 田忌用自己的下等马对齐威王的上等马，这样就输一场，然后第二、三场比赛就用上等马、中等马对齐威王的中等马、下等马，这样就胜两场。

191. 小孩回答说："要看是多大的桶。如果桶和水池一般大，那就是一桶水。如果桶只有水池一半大，那就是两桶水……"

192. 从小黄的话开始推理，假如小黄拧了挂钟，那么他的话两句都是假的，这就与题意不符，所以不是小黄干的。因此，小陈的第二句是对的，第一话必是假的，也就是说是小陈干的，这与小张的说法是矛盾。可见是小陈拧了挂钟。

193. 小狗跑的路程是 50 米。最简单的计算办法是，在爸爸赶上明明之前的时间里，小狗一直在按相同的速度连续奔跑着，而爸爸与明明间的 10 米距离，每秒都缩短 1 米。所以，2 人相遇是在 10 秒后。小狗的速度为 5 米/秒，它跑的路程就是 50 米。

194. 如果捉贼的不如贼跑得快，那肯定追不上，抓不住贼。因此，跑得慢的一定是贼。

195. 他把路牌竖起来，将指向 B 地的箭头指向自己来时的方向，自然就可以找到去 A 地的路了。

196. 这位顾客最喜欢的是"黑色"。

197. 成绩按高抵排列为：乙、甲、丙、丁。若甲说得正确，那么其余 3 人说得都正确或至少两人说得不正确，所以不合题意。因此，甲说得不正确，其余说得正确。

198. "下雨天留客天留我不留。"加上标点后就是："下雨天，留客天，留我不？留。"

199. 小聪在瓶子里灌满了水，然后将水倒在一个量杯里，这就得出了非常准确的容积。

200. 这个董事长是个孕妇，在地牢里生下了一个男孩。

201. 如果小张说的是真话，那么小王说是也是真话，与条件不合，所以，不可能是小黄做的好事；同样，小新也没说真话，否则小黄也说了真话，所以小张没做好事；如果是小新做的好事，那么小王与小黄说都是真的，显然不对。唯一可能的，就是小王做了好事，而只有小黄说了真话。

202. 用这张 10 元的纸币遮住爸爸的眼镜，爸爸就看不见镜子了。

203. 一是农历月初的晚上，弯月的两头一定是向上"翘"的，说它像一只小船还差不多，绝不会像拱门；二是弯月之处的"缺"并不透明，不可能看到月球背面的星星，月球与地球之间又没有另外的星星存在，因此，在弯月缺口处不会出现任何星星。

204. 小凡还有498本书，除了2本书被小妹妹弄丢了外，小明和小刚借去的仍然是他的。

205. 他脱下鞋子，向一边往上使劲仍去，反作用力使他滑到了岸边。

206. 威尔的尸体在死狮的肚里。因为，威尔猎狮时被狮吞食了，后来，这只狮子又被威尔在侄子击毙了。

207. 原来那牌子上写着："下田摘瓜，发款10元。""罚款"写成了"发款。"

208. "1111"是独一无二，"1001"是始终如一。"1111"是说学习几何没有捷径，必须始终如一地坚持刻苦学习，才能学有所成。

209. 把李叔叔的眼睛蒙起来再让他上树去摘椰子，或是等到夜晚让他再上树也行。

210. 3支箭中了10环，1支中了7环，还有1支射到靶子外去了！

211. 打断放啤酒瓶的桌子的一条腿即可。

212. 因为李文、袁春、张东说的都不是真话，那么李文不娶袁春，袁春也不嫁给张东，因此袁春嫁给王学。又张东不娶刘玉，所以就娶于花。剩下李文娶刘玉。

213. 既然南南的爸爸做事总是与他妈妈相反，当然不可能成功离婚。当妈妈提出离婚时，爸爸一定表示反对；当爸爸提出离婚时，妈妈必定不同意。这样两个人永远也离不了婚。

214. 这次打针打在胳膊上，而不是屁股上。

215. 阿凡提的话是：上绞刑架被枪毙。无论国王对阿凡提采取哪种方式处死都不符合道理，所以无法处死阿凡提。

216. 公安局长是老人的女儿，老人是公安局长的爸爸。

217. "小处不可随便"。

218. 题中有 4 个"错误"。

219. 3 个儿子，4 个鸡蛋。

220. 该从第二个门进去。第一个门与第三个门上的话是矛盾的，因此其中必是有一个是真的，这样第二个门的话肯定就是假的，也就是说第二个门通厕所。

221. 婆婆说的三五天是 $3 \times 5 = 15$ 天，七八天是 $7 + 8 = 15$ 天，因此 3 个媳妇可同去同回。

222. "醉不倒"的酒量大些，因为他的酒壶嘴特别长，装的酒也就多些。

223. 威尔根本就无法跳，因为在降落过程中人是悬浮的，无法使力。

224. 保镖夜间值班做梦是失于职守，因此被解雇。

225. 其实小牛什么办法也不用，因为小牛根本就没有被拴在树上。

226. 将纸随意折叠，再将 B 部分折过去与 A 部分边缘并拢即可。

227. 这个朋友并不笨，只不过他是听不懂他们说的话的人而已。

228. 不是的。因为小狗留美时训练师讲的是英语，而用别的话命令它，它就听不懂了。

229. 小张让王刚做了一个长、宽、高各 1 米的大盒子，把宝剑斜放在里面就可以邮寄了。

230. 原来是打字员把 89 打颠倒了。

231. 大力士的办法是叫工人们在巨石前挖一个大坑，把巨石推入坑中填平即可。

232. 松鼠扔的松果打在树上的黄蜂窝上，黄蜂一出动，人就赶紧逃。

233. 因为马爷爷只能看到电话来时的灯光信号，却没法听请楚电话的内容。

234. 因为米比米花重，只要拿着罐子使劲摇，米就会沉到下面去，而米花就会冒上来。这样就可以吃到米花了。

235. 最少可以切一块，就是不切。

236. 先把瓶子里装满水，把鸡蛋装进去后再把水倒出来。

237. 文文的妙法就在于他先沿着螺旋形切蛋糕，然后从上而下再来一刀。

238. 答案：因为这次威尔的叔叔并没有开车，而是作为行人过横行道的。

239. 原来员外和他的老婆打的标点不一样，员外是这样断句的："人才十分，丑陋全无，一双好脚。"而他老婆断的句是："人才十分丑陋，全无一双好脚。"

240. 老人把自己的那头骆驼先算入富人的17头骆驼中去，就是18头。富人的大儿得9头，二儿得6头，三儿得2头，共是17头。老人的那头仍旧是他自己的。

241. 都没有吹牛，另一个的老师是个音乐教师。

242. 第三句错了，因为星星不可能在月亮的弯儿里出现。

243. 出售铜牛的摊主。因为中国古人不知道有公元前这个词。

244. 木木的爸爸是医生，正在给别人做手术。

245. 鸡犬不宁，子丑寅卯。

246. 原来牛在反刍。

247. 放也由你，不放也由你。

248. 儿子让老农装成稻草人，乌鸦胆子大了，照旧站在他的身上。老农就抓住一只乌鸦，乌鸦大叫，从此再不敢来了。

249. 不是的。因为黄斑牛的头数是白斑牛的两倍。

250. 因为9是单数，沙僧第一次只拿一个，紧接着每次都拿两个。这样猪八戒吃完了，沙僧还有一个在手里。

251. 查理的话是真的。因为他是跟比尔比赛1000米长跑，跟杰克比赛100米短跑。

252. 硬币在水之下，水银之上。

253. 爸爸植了*14*棵，哥哥植了*7*棵，小冬植了*2*棵。

254. 村长叫两家把羊群赶出来，然后把羔放了，它自己会回到原来的羊群中去的。

255. 小波的答案是火箭先到达美国，实际上火箭飞到天上去了，应该是飞机先到达。

256. 这个老板指着门前的牌子从右往左念："色裖不包。"

257. 原来河上结了冰，因此就什么也不用就能过河。

258. 欢欢找来一个大玻璃瓶，把醋全倒进去，在瓶上做个刻度，然后把醋倒出来，再把柴油倒进玻璃瓶，达到那个刻度就是*3*升柴油了。

259. 这回东东打破的是世界纪录。

260. 因为富翁贪婪凶狠，所以肖伯纳便指着那只假眼说："你这只眼睛是假的，因为它里面还有点儿仁慈。"

261. 这个侦察员说："我不参加考试了。"

262. 大李的牌子上写的是："不要跟我说话！"

263. 老师傅叫卡特把车胎的气放一点，车胎瘪一点便能过去了。

264. 三毛的问话是："这是西瓜岛吗？"因为他知道这里是西瓜岛，无论对方答"是"还是"不是"，他都可以判断出对方说的话是真是假。

265. "不会输"输定了。因为确有这样的怪物，它就是跷跷板。

266. 孙膑说："大王，我实在没有好的办法让你走下来，但如果你在下面，我就有办法让你走上殿去。"这样魏王就走下来了。

267. 小羊说："我全不知道。"

268. 小贪不是太贪，而是他只要一块钱的硬币打投币电话。

269. 只有一个猪八戒。

270. 原来丁丁把插头插进了周叔叔的鼻孔里。

271. 这镇上只有两家理发店，那么这两个理发师必定是互为对方理发。那个爱整洁的理发师的头是那个不讲整洁的理发师理。

272. 因为小辉家和小豆家对着住，因此一出门的方向不同。

273. 军师的办法是国王出一等马时，就用大将的三等马去比，让国王赢一回，然后依次用一等马对国王的二等马、用二等马对国王的三等马，就可以赢得两回，总的是赢国王一回。

274. 这家村民门口的对联的横批应该是"缺一少十"，也就是"缺衣少食"的谐音。所以领导看出了问题。

275. 这是圆圈一类的东西。

276. 他至少可以拿第五名。因为跑道是环形的，参加决赛的只有5个人。

277. 毒品贩子是在教堂的影子的尖顶上的地方被抓住。

278. 要76分钟。